NASCIDO PARA MORRER

E.G. White

Remnant Publications, Inc.
Coldwater, MI

Arte da Capa por Darrel Tank
Desenho por Penny Hall

Nascido Para Morrer

Esta edição publicada em 2006
Direitos Autorais © 2005 por Remnant Publications

Impresso nos EUA
Todos os Direitos Reservados

ISBN 1-883012-41-4

Este livro é uma compilação dos primeiros capítulos do livro
O Desejado de Todas as Nações.

DE : ———————————————

PARA : ———————————————

DATA : ———————————————

Este é um presente da Igreja Adventista do 7o. Dia para você e sua família. Nosso maior desejo é compartilhar o amor de Deus através da história da salvação pela da vida, morte e ressurreição de Jesus. Ele vai voltar outra vez, com poder e glória! Nossa oração e compromisso é ajudar você e sua casa em recebê-Lo como Salvador e Senhor e estar preparado para a Sua segunda vinda.

Fale conosco! Estamos orando por você . . .

Seus amigos da Igreja Adventista do 7o. Dia

Índice

1

A Plenitude dos Tempos

Vindo a plenitude dos tempos, Deus enviou Seu Filho . . . para remir os que estavam debaixo da lei, a fim de recebermos a adoção de filhos." Gál. 4:4 e 5. A vinda do Salvador foi predita no Éden. Quando Adão e Eva ouviram pela primeira vez a promessa, aguardavam-lhe o pronto cumprimento. Saudaram alegremente seu primogênito, na esperança de que fosse o Libertador. Mas o cumprimento da promessa demorava. Aqueles que primeiro a receberam, morreram sem o ver. Desde os dias de Enoque, a promessa foi repetida por meio de patriarcas e profetas, mantendo viva a esperança de Seu aparecimento, e todavia Ele não vinha. A profecia de Daniel revelou o tempo de Seu advento, mas nem todos interpretavam corretamente a mensagem. Século após século se passou; cessaram as vozes dos profetas. A mão do opressor era pesada sobre Israel, e muitos estavam dispostos a exclamar: "Prolongar-se-ão os dias, e perecerá toda a visão." Ezeq. 12:22.

Mas, como as estrelas no vasto circuito de sua indicada órbita, os desígnios de Deus não conhecem adiantamento nem tardança. Mediante os símbolos da grande escuridão e do forno fumegante, Deus revelara a Abraão a servidão de Israel no Egito, e declarara que o tempo de sua peregrinação seria de quatrocentos anos. "Sairão depois com grandes riquezas." Gên. 15:14. Contra essa palavra, todo o poder do orgulhoso império de Faraó batalhou em vão. "Naquele mesmo dia", indicado na promessa divina, "todos os exércitos do Senhor saíram da terra do Egito." Êxo. 12:41. Assim, nos divinos conselhos fora determinada a hora da vinda de Cristo. Quando o grande relógio do tempo indicou aquela hora, Jesus nasceu em Belém.

"Vindo a plenitude dos tempos, Deus enviou Seu Filho." A Providência havia dirigido os movimentos das nações, e a onda do impulso e influência humanos, até que o mundo se achasse maduro para a vinda do Libertador. As nações estavam unidas sob o mesmo governo. Falava-se vastamente uma língua, a qual era por toda parte reconhecida como a língua da literatura. De todas as terras os judeus da dispersão reuniam-se em Jerusalém para as festas anuais. Ao voltarem para os lugares de sua peregrinação, podiam espalhar por todo o mundo as novas da vinda do Messias. Por essa época, os sistemas pagãos iam perdendo o domínio sobre o povo. Os homens estavam cansados de aparências e fábulas. Ansiavam uma religião capaz de satisfazer a alma. Conquanto a luz da verdade parecesse afastada dos homens, havia almas ansiosas de luz, cheias de perplexidade e dor. Tinham sede do conhecimento do Deus vivo, da certeza de uma vida para além da morte.

À medida que Israel se havia separado de Deus, sua fé se enfraquecera, e a esperança deixara, por assim dizer, de iluminar o futuro. As palavras dos profetas eram incompreendidas. Para a massa do povo, a morte era um terrível mistério; para além, a incerteza e as sombras. Não era só o pranto das mães de Belém, mas o clamor do grande coração da humanidade, que chegou ao profeta através dos séculos — a voz ouvida em Ramá, "lamentação, choro e grande pranto: Raquel chorando os seus filhos, e não querendo ser consolada, porque já não existem". Mat. 2:18. Na "região da sombra da morte", sentavam-se os homens sem consolação. Com olhares ansiosos, aguardavam a vinda do Libertador, quando as trevas seriam dispersas, e claro se tornaria o mistério do futuro.

Fora da nação judaica houve homens que predisseram o aparecimento de um instrutor. Esses homens andavam em busca da verdade, e foi-lhes comunicado o Espírito de inspiração. Um após outro, quais estrelas num céu enegrecido, haviam-se erguido esses mestres. Suas palavras de profecia despertaram a esperança no coração de milhares, no mundo gentio.

Fazia séculos que as Escrituras haviam sido traduzidas para o grego, então vastamente falado no império romano. Os judeus estavam espalhados por toda parte, e sua expectação da vinda do Messias era, até certo ponto, partilhada pelos gentios. Entre aqueles a quem os judeus classificavam de pagãos, encontravam-se homens que possuíam melhor compreensão das profecias da Escritura relativas ao Messias, do que os mestres de Israel. Alguns O esperavam como Libertador do pecado. Filósofos esforçavam-se por estudar a fundo o mistério da organização dos hebreus. A hipocrisia destes, porém, impedia a disseminação da luz. Com o fito de manter a separação entre eles e as outras nações, não se dispunham a comunicar o conhecimento que ainda possuíam quanto ao serviço simbólico. Era preciso que viesse o verdadeiro. Intérprete. Aquele a quem todos esses tipos prefiguravam, devia explicar o sentido dos mesmos. Por meio da Natureza, de figuras e símbolos, de patriarcas e profetas, Deus falara ao mundo. As lições deviam ser dadas à humanidade na linguagem da própria humanidade. O Mensageiro do concerto devia falar. Sua voz devia ser ouvida em Seu próprio templo. Cristo tinha de vir para proferir palavras que fossem clara e positivamente compreendidas. Ele, o autor da verdade, devia separá-la da palha das expressões humanas, que a haviam tornado de nenhum efeito. Os princípios do governo de Deus e o plano da redenção, deviam ficar claramente definidos. As lições do Antigo Testamento precisavam ser plenamente apresentadas aos homens.

Havia entre os judeus ainda algumas almas firmes, descendentes daquela santa linhagem através da qual fora conservado o conhecimento de Deus. Estes acalentavam a esperança da promessa feita aos pais. Fortaleciam a fé repousando na certeza dada por intermédio de Moisés: "O Senhor vosso Deus vos suscitará um profeta dentre vossos irmãos, semelhante a mim: a Este ouvireis em tudo que vos disser." Atos 3:22. E novamente liam como o Senhor havia de ungir Alguém "para pregar boas novas aos mansos", "restaurar os contritos de coração", "proclamar liberdade aos cativos", e apregoar "o ano aceitável do Senhor". Isa. 61:1 e 2. Liam como Ele havia de estabelecer "a justiça sobre a Terra", como as ilhas aguardariam a "Sua doutrina", (Isa. 42:4) como os gentios andariam à Sua luz, e os reis ao resplandor que Lhe nascera. Isa. 60:3.

As derradeiras palavras de Jacó os enchiam de esperança: "O cetro não se arredará de Judá, nem o legislador dentre seus pés, até que venha Siló." Gên. 49:10. O enfraquecido poder de Israel testemunhava que a vinda do Messias estava às portas. A profecia de Daniel pintava a glória do Seu reino sobre um domínio que sucederia a todos os impérios terrestres; e disse o profeta: "subsistirá para sempre". Dan. 2:44. Ao passo que poucos entendiam a natureza da missão de Cristo, era geral a expectativa de um poderoso príncipe que havia de estabelecer seu reino em Israel, e que viria como um libertador para as nações.

Chegara a plenitude dos tempos. A humanidade, tornando-se mais degradada através dos séculos de transgressão, pedia a vinda do

Redentor. Satanás estivera em operação para tornar intransponível o abismo entre a Terra e o Céu. Por suas falsidades tornara os homens atrevidos no pecado. Era seu desígnio esgotar a paciência de Deus, e extinguir-Lhe o amor para com os homens, de maneira que Ele abandonasse o mundo à satânica jurisdição.

Satanás estava procurando vedar ao homem o conhecimento de Deus, desviar-lhe a atenção do templo divino, e estabelecer seu próprio reino. Dir-se-ia coroada de êxito sua luta pela supremacia. É verdade, que, em toda geração, Deus tem Seus instrumentos. Mesmo entre os gentios, havia homens por meio dos quais Cristo estava operando para elevar o povo de seu pecado e degradação. Mas esses homens eram desprezados e aborrecidos. Muitos deles haviam sofrido morte violenta. A escura sombra que Satanás lançara sobre o mundo, tornara-se cada vez mais densa.

Por meio do paganismo, Satanás desviara por séculos os homens de Deus; mas conseguira seu grande triunfo ao perverter a fé de Israel. Contemplando e adorando suas próprias concepções, os gentios haviam perdido o conhecimento de Deus, tornando-se mais e mais corruptos. O mesmo se deu com Israel. O princípio de que o homem se pode salvar por suas próprias obras, e que jaz à base de toda religião pagã, tornara-se também o princípio da religião judaica. Implantara-o Satanás. Onde quer que seja mantido, os homens não têm barreira contra o pecado.

A mensagem de salvação é comunicada aos homens por intermédio de instrumentos humanos. Mas os judeus haviam procurado monopolizar a verdade, que é a vida eterna. Entesouraram o vivo maná, que se corrompera. A religião que tinham buscado guardar só para si, tornara-se um tropeço. Roubavam a Deus de Sua glória, e prejudicavam o mundo por uma falsificação do evangelho. Haviam recusado entregar-se a Deus para a salvação do mundo, e tornaram-se instrumento de Satanás para sua destruição.

O povo a quem Deus chamara para ser a coluna e fundamento da verdade, transformara-se em representante de Satanás. Faziam a obra que este queria que fizessem, seguindo uma conduta em que apresentavam mal o caráter de Deus, fazendo com que o mundo O considerasse um tirano. Os próprios sacerdotes que ministravam no templo haviam perdido de vista a significação do serviço que realizavam. Deixaram de olhar, para além do símbolo, àquilo que ele significava. Apresentando as ofertas sacrificais, eram como atores num palco. As ordenanças que o próprio Deus indicara, tinham-se tornado o meio de cegar o espírito e endurecer o coração. Deus não poderia fazer nada mais pelo homem por meio desses veículos. Todo o sistema devia ser banido.

O engano do pecado antigira sua culminância. Todos os meios para depravar a alma dos homens haviam sido postos em operação. Contemplando o mundo, o Filho de Deus viu sofrimento e miséria. Viu, com piedade, como os homens se tinham tornado vítimas da crueldade satânica. Olhou compassivamente para os que estavam sendo corrompidos, mortos, perdidos. Estes tinham escolhido um dominador que os jungia a seu carro como cativos. Confundidos e enganados, avançavam, em sombria procissão rumo à ruína eterna — para a morte em que não há nenhuma esperança de vida, para a noite que não tem alvorecer. Agentes satânicos estavam incorporados com os homens. O corpo de criaturas humanas, feito para habitação de Deus, tornara-se morada de demônios. Os sentidos, os nervos, as paixões, os órgãos dos homens eram por agentes sobrenaturais levados a condescender com a concupiscência mais vil. O próprio selo dos demônios se achava impresso na fisionomia dos homens. Esta refletia a expressão das legiões do mal de que se achavam possessos. Eis a perspectiva contemplada pelo Redentor do mundo. Que espetáculo para a Infinita Pureza!

O pecado se tornara uma ciência, e era o vício consagrado como parte da religião. A rebelião deitara fundas raízes na alma, e violenta era a hostilidade do homem contra o Céu. Ficara demonstrado perante o Universo que, separada de Deus, a humanidade não se poderia erguer. Novo elemento de vida e poder tinha de ser comunicado por Aquele que fizera o mundo.

Com intenso interesse, os mundos não caídos observavam para ver Jeová levantar-Se e assolar os habitantes da Terra. E, fizesse Deus assim, Satanás estaria pronto a levar a cabo seu plano de conquistar a aliança dos seres celestiais. Declarara ele que os princípios de Deus tornavam impossível o perdão. Houvesse o mundo sido destruído, e teria pretendido serem justas as suas acusações. Estava disposto a lançar a culpa sobre o Senhor, e estender sua rebelião pelos mundos em cima. Em lugar de destruir o mundo, porém, Deus enviou Seu Filho para o salvar. Embora se pudessem, por toda parte do desgarrado domínio, ver corrupção e desafio, foi provido um meio para resgatá-lo. Justo no momento da crise, quando Satanás parecia prestes a triunfar, veio o Filho de Deus com a embaixada da graça divina. Através de todos os séculos, de todas as horas, o amor de Deus se havia exercido para com a raça caída. Não obstante a perversidade dos homens, os sinais da misericórdia tinham sido constantemente manifestados. E, ao chegar à plenitude dos tempos, a Divindade era glorificada derramando sobre o mundo um dilúvio de graça vivificadora, o qual nunca seria impedido nem retido enquanto o plano da salvação não se houvesse consumado. Satanás rejubilava por haver conseguido rebaixar a imagem de Deus na humanidade. Então veio Cristo, a fim de restaurar no homem a imagem de seu Criador. Ninguém, senão Cristo, pode remodelar o caráter arruinado pelo pecado. Veio para expelir os demônios que haviam dominado a vontade. Veio para nos erguer do pó, reformar o caráter manchado, segundo o modelo de Seu divino caráter, embelezando-o com Sua própria glória.

2

"Hoje vos Nasceu o Salvador"

Este capítulo está basado em Lucas 2:1-20.

O Rei da Glória muito Se humilhou ao revestir-Se da humanidade. Rude e ingrato foi o Seu ambiente terrestre. Sua glória foi velada, para que a majestade de Sua aparência exterior não se tornasse objeto de atração. Esquivava-Se a toda exibição exterior. Riquezas, honras terrestres e humana grandeza nunca poderão salvar uma alma da morte; Jesus Se propôs que nenhuma atração de natureza terrena levasse homens ao Seu lado. Unicamente a beleza da verdade celeste devia atrair os que O seguissem. O caráter do Messias fora desde há muito predito na profecia, e era Seu desejo que os homens O aceitassem em razão do testemunho da Palavra de Deus.

Os anjos maravilharam-se ante o glorioso plano da redenção. Observavam a ver de que maneira o povo de Deus receberia Seu Filho, revestido da humanidade. Anjos foram à terra do povo escolhido. Outras nações estavam embebidas com fábulas, e adorando falsos deuses. À terra onde se revelara a glória de Deus, e brilhara a luz da profecia, foram os anjos. Dirigiram-se invisíveis a Jerusalém, aos designados expositores dos Sagrados Oráculos, e ministros da casa de Deus. Já a Zacarias, enquanto ministrava perante o altar, fora anunciada a proximidade da vinda de Cristo. Já nascido estava o precursor, havendo sua missão sido atestada por milagres e profecias. As novas de Seu nascimento e o maravilhoso significado de Sua missão tinham sido amplamente divulgados. Todavia, Jerusalém não se estava preparando para receber o Redentor.

Com pasmo viram os mensageiros celestiais a indiferença do povo a quem Deus chamara para comunicar ao mundo a luz da sagrada verdade. A nação judaica fora conservada como testemunho de que Cristo havia de nascer da semente de Abraão e da linhagem de Davi; no entanto, não sabiam que Sua vinda se achava agora às portas. No templo, o sacrifício matutino e vespertino apontava diariamente ao Cordeiro de Deus; entretanto, nem mesmo ali havia qualquer preparação para O receber. Os sacerdotes e doutores da nação ignoravam que o maior acontecimento dos séculos estava prestes a ocorrer. Proferiam suas orações destituídas de sentido, e realizavam os ritos do culto para serem vistos pelos homens, mas em sua luta por riquezas e honras mundanas, não estavam preparados para a revelação do Messias. A mesma indiferença penetrava a terra de Israel. Corações egoístas e absorvidos pelo mundo, ficavam impassíveis ante o júbilo que comovia o Céu. Apenas alguns estavam ansiando contemplar o Invisível. A esses foi enviada a embaixada do Céu.

Anjos assistiam José e Maria enquanto viajavam de seu lar, em Nazaré, à cidade de Davi. O decreto de Roma Imperial acerca do alistamento dos povos de seu vasto domínio, estendera-se aos habitantes das montanhas da Galiléia. Como outrora Ciro fora chamado ao trono do império do mundo a fim de libertar os cativos do Senhor, assim César Augusto se tornara o instrumento para a realização do desígnio de Deus em levar a mãe de Jesus a Belém. Ela é da linhagem de Davi, e o Filho de Davi deve nascer na sua cidade. De Belém dissera o profeta: "De ti é que Me há de sair Aquele que há de reinar em Israel, e cuja geração é desde o princípio, desde os dias da eternidade." Miq. 5:2. Mas na cidade de sua real linhagem, José e Maria não são reconhecidos nem honrados. Fatigados e sem lar, atravessam toda a extensão da estreita rua, da porta da cidade ao extremo oriental desta, buscando em vão um lugar de pousada para a noite. Não há lugar para eles na apinhada hospedaria. Num rústico rancho em que se abrigam os animais, encontram afinal refúgio, e ali nasce o Redentor do mundo.

Os homens não o sabem, mas as novas enchem o Céu de regozijo. Com mais profundo e mais terno interesse os santos seres do mundo da luz são atraídos para a Terra. Todo o mundo se ilumina à presença do Redentor. Sobre as colinas de Belém acha-se reunida inumerável multidão de anjos. Esperam o sinal para declarar as alegres novas ao mundo. Houvessem os guias de Israel sido fiéis ao depósito que se lhes confiara, e teriam partilhado da alegria de anunciar o nascimento de Jesus. Mas assim foram passados por alto.

Deus declara: "Derramarei águas sobre o sedento e rios sobre a terra seca." Isa. 44:3 "Aos justos nasce luz das trevas." Sal. 112:4. Os brilhantes raios, que descem do trono de Deus, iluminarão os que andam em busca de luz e a aceitam com alegria.

Nos campos em que o jovem Davi guardara seus rebanhos, havia ainda pastores vigiando durante a noite. Nas horas caladas, conversavam entre si acerca do prometido Salvador, e oravam pela vinda do Rei ao trono de Davi. "E eis que o anjo do Senhor veio sobre eles, e a glória do Senhor os cercou de resplandor, e tiveram grande temor. E o anjo lhes disse: Não temais; porque eis aqui vos trago novas de grande alegria, que será para todo o povo; pois na cidade de Davi vos nasceu hoje o Salvador, que é Cristo, o Senhor." Luc. 2:10 e 11.

A essas palavras, visões de glória encheram a mente dos pastores que as escutavam. Chegara a Israel o Libertador! Poder, exaltação, triunfo, acham-se associados à Sua vinda. O anjo, porém, deve prepará-los para reconhecerem o Salvador na pobreza e na humilhação. "Isto vos será por sinal", diz ele: "Achareis o Menino envolto em panos, e deitado numa manjedoura." Luc. 2:12.

O celestial mensageiro acalmara-lhes os temores. Dissera-lhes como poderiam encontrar Jesus. Com terna consideração para com sua humana fraqueza, dera-lhes tempo para se habituarem à radiação divina. Então, o júbilo e a glória não se puderam por mais tempo ocultar. Toda a planície se iluminou com a resplandecência das hostes de Deus. A Terra emudeceu, e o Céu inclinou-se para escutar o cântico:

"Glória a Deus nas alturas,
Paz na Terra, boa vontade para com os homens." Luc. 2:14.

Quem dera que a família humana pudesse hoje reconhecer este cântico! A declaração então feita, a nota vibrada então, avolumar-se-á até ao fim do tempo, e ressoará até aos extremos da Terra. Quando se erguer o Sol da Justiça, trazendo salvação sob Suas asas, esse cântico há de ecoar pela voz de uma grande multidão, como a voz de muitas águas, dizendo: "Aleluia, pois já o Senhor Deus todo-poderoso reina." Apoc. 19:6.

Ao desaparecerem os anjos, dissipou-se a luz, e mais uma vez cobriram as sombras da noite as colinas de Belém. A mais gloriosa cena que olhos humanos já contemplaram, permaneceu, no entanto, na memória dos pastores. "E depois que os anjos se retiraram deles para o Céu, os pastores diziam entre si: Vamos até Belém, e vejamos o que é que lá sucedeu, e o que é que o Senhor nos manifestou. E foram com grande pressa; e encontraram Maria e José, e o Menino deitado na manjedoura." Luc. 2:15 e 16. Partindo com grande alegria, divulgaram as coisas que tinham visto e ouvido. "E todos os que o ouviram se maravilharam do que os pastores lhes diziam. Mas Maria guardou todas estas coisas, conferindo-as em seu coração. E voltaram os pastores, glorificando e louvando a Deus." Luc. 2:18-20.

Não se acham o Céu e a Terra mais distanciados hoje do que ao tempo em que os pastores ouviram o cântico dos anjos. A humanidade é hoje objeto da solicitude celeste da mesma maneira que o era quando homens comuns, ocupando posições ordinárias, se encontravam à luz do dia com anjos, e falavam com os mensageiros nas vinhas e nos campos. Enquanto nos movemos em nossos afazeres comuns, podemos ter bem perto o Céu. Anjos das cortes no alto assistirão os passos dos que vão e vêm às ordens de Deus.

A história de Belém é inexaurível. Nela se acham ocultas as "profundidades das riquezas, tanto da sabedoria como da ciência de Deus". Rom. 11:33. Maravilhamo-nos do sacrifício do Salvador em permutar o trono do Céu pela manjedoura, e a companhia dos anjos que O adoravam pela dos animais da estrebaria. O orgulho e presunção humanos ficam repreendidos em Sua presença. Todavia, esse passo não era senão o princípio de Sua maravilhosa condescendência. Teria sido uma quase infinita humilhação para o Filho de Deus, revestir-Se da natureza humana mesmo quando Adão permanecia em seu estado de inocência, no Éden. Mas Jesus aceitou a humanidade quando a raça havia sido enfraquecida por quatro mil anos de pecado. Como qualquer filho de Adão, aceitou os resultados da operação da grande lei da hereditariedade. O que estes resultados foram, manifesta-se na história de Seus ancestrais terrestres. Veio com essa hereditariedade para partilhar de nossas dores e tentações, e dar-nos o exemplo de uma vida impecável.

Satanás aborrecera a Cristo no Céu, por causa de Sua posição nas cortes de Deus. Mais O aborreceu ainda quando se sentiu ele próprio destronado. Odiou Aquele que Se empenhou em redimir uma raça de pecadores. Não obstante, ao mundo em que Satanás pretendia domínio, permitiu Deus que viesse Seu Filho, impotente criancinha, sujeito à fraqueza da humanidade. Permitiu que enfrentasse os perigos da vida em comum com toda a alma humana, combatesse o combate como qualquer filho da humanidade o tem de fazer, com risco de fracasso e ruína eterna. O coração do pai humano compadece-se do filho. Olha a fisionomia do pequenino, e treme ante a idéia dos perigos da vida. Anela proteger seu querido do poder de Satanás, guardá-lo da tentação e do conflito. Para enfrentar mais amargo conflito e mais terrível risco Deus deu Seu Filho unigênito, para que a vereda da vida fosse assegurada aos nossos pequeninos. "Nisto está o amor." Maravilhai-vos, ó céus! e assombrai-vos, ó Terra!

3

A Dedicação

Este capítulo está basado em Lucas 2:21-38.

Cerca de quarenta dias depois do nascimento de Cristo, José e Maria levaram-nO a Jerusalém, para O apresentar ao Senhor, e oferecer sacrifício. Isso estava de acordo com a lei judaica e, como substituto do homem, Cristo Se devia conformar com a lei em todos os particulares. Já havia sido submetido ao rito da circuncisão, como penhor de Sua submissão à lei.

Como oferta da parte da mãe, a lei exigia um cordeiro de um ano para holocausto, e um pombinho novo ou uma rola como oferta pelo pecado. Mas a lei prescrevia que, se os pais fossem demasiado pobres para levar um cordeiro, seria aceito um par de rolas ou dois pombinhos, um para holocausto, e outro como oferta pelo pecado.

As ofertas apresentadas ao Senhor deviam ser sem mancha. Representavam a Cristo, de onde se conclui evidentemente que Jesus era isento de deformidade física. Era o "cordeiro imaculado e sem contaminação". I Ped. 1:19. Sua estrutura física não era maculada por qualquer defeito; o corpo era robusto e sadio. E, durante toda a vida, viveu em conformidade com as leis da Natureza. Física assim como espiritualmente, Jesus foi um exemplo do que Deus designava que fosse toda a humanidade, mediante a obediência a Suas leis.

A dedicação do primogênito teve sua origem nos primitivos tempos. Deus prometera dar o Primogênito do Céu para salvar os pecadores. Este dom devia ser reconhecido em todas as famílias pela consagração do primogênito. Devia ser consagrado ao sacerdócio, como representante de Cristo entre os homens.

Na libertação de Israel do Egito, a dedicação do primogênito foi novamente ordenada. Quando os filhos de Israel estavam em servidão aos egípcios, o Senhor instruiu Moisés a ir ter com Faraó, rei do Egito, dizendo: "Assim diz o Senhor: Israel é Meu Filho, Meu primogênito. E Eu te tenho dito: Deixa ir o Meu filho, para que Me sirva; mas tu recusaste deixá-lo ir; eis que Eu matarei a teu filho, o teu primogênito." Êxo. 4:22 e 23.

Moisés entregou sua mensagem; mas a resposta do orgulhoso rei, foi: "Quem é o Senhor, para que eu obedeça à Sua voz, e deixe ir Israel? Não conheço o Senhor, e não deixarei ir Israel." Êxo. 5:2. O Senhor operou em favor de Seu povo por meio de sinais e maravilhas, enviando terríveis juízos sobre Faraó. Por fim, o anjo destruidor foi incumbido de matar o primogênito do homem e dos animais entre os egípcios. A fim de que os israelitas fossem poupados, receberam instruções para pôr nas ombreiras da porta de sua casa o sangue de um cordeiro imolado. Cada casa devia ser marcada, para que, quando o anjo viesse, em sua missão de morte, passasse por sobre a dos israelitas.

Depois de enviar este juízo sobre o Egito, o Senhor disse a Moisés: "Santifica-Me todo o primogênito . . . de homens e de animais; porque Meu é." Êxo. 13:2 "Desde o dia em que feri a todo o primogênito na terra do Egito, santifiquei para Mim todo o primogênito em Israel, desde o homem até ao animal; Meus serão; Eu sou o Senhor." Núm. 3:13. Depois que o serviço do tabernáculo foi estabelecido, o Senhor escolheu a tribo de Levi em lugar do primogênito de todo o Israel, para ministrar no santuário. Entretanto, esses primogênitos deviam continuar a ser considerados como pertencendo ao Senhor, devendo ser reavidos por meio de resgate.

Assim a lei para apresentação do primogênito se tornava particularmente significativa. Ao mesmo tempo que era uma comemoração do maravilhoso libertamento dos filhos de Israel, prefigurava um livramento maior, a ser operado pelo unigênito Filho de Deus. Como o sangue espargido nos umbrais da porta havia salvo o primogênito de Israel, assim o sangue de Cristo tem poder de salvar o mundo.

Que significação, logo, se acha ligada à apresentação de Cristo! Mas o sacerdote não enxergou através do véu; não leu o mistério além. A apresentação de crianças era cena comum. Diariamente o sacerdote recebia o dinheiro da redenção, ao serem as criancinhas apresentadas ao Senhor. Cotidianamente seguia a rotina de sua obra, prestando pouca atenção aos pais ou às crianças, a não ser que notasse qualquer indício de fortuna ou elevada posição dos primeiros. José e Maria eram pobres; e, ao trazerem seu filho, o sacerdote viu unicamente um homem e uma mulher trajados à moda galiléia, e no mais humilde vestuário. Nada havia em sua aparência que atraísse a atenção, e a oferta que apresentaram era a das classes mais pobres. O sacerdote fez a ccrimônia de seu serviço oficial. Tomou a criança nos braços, e ergueu-a perante o altar. Depois de a devolver à mãe, inscreveu o nome "Jesus" na lista dos primogênitos. Mal pensava ele, enquanto a criança lhe repousava nos braços, que era a Majestade do Céu, o Rei da Glória. Não pensou o sacerdote que essa criança era Aquele de quem Moisés escrevera: "O Senhor vosso Deus vos suscitará um Profeta dentre vossos irmãos, semelhante a mim; a Este ouvireis em tudo o que vos disser." Atos 3:22. Não pensou que essa criança era Aquele cuja glória Moisés rogara ver. Mas Alguém maior do que Moisés Se achava nos braços do sacerdote; e, ao inscrever o nome do menino, inscrevia o dAquele que era o fundamento de toda a dispensação judaica. Aquele nome devia ser sua sentença de morte; pois o sistema de sacrifícios e ofertas estava envelhecendo; o tipo havia quase atingido o antítipo, a sombra ao corpo.

O Shekinah [presença visível de Deus] se afastara do santuário, mas no Menino de Belém encontrava-se, velada, a glória ante a qual se curvam os anjos. Essa inconsciente criancinha era a semente prometida, a quem apontava o primeiro altar, construído à porta do Éden. Este era Siló, o doador de paz. Fora Ele que Se declarara a Moisés como o EU SOU. Fora Ele quem, na coluna de fumo e fogo, servira de guia a Israel. Este era Aquele que os videntes haviam há muito predito. Era o Desejado de todas as nações, a Raiz e a Geração de Davi, a Resplandecente Estrela da Manhã. O nome dAquele impotente Menino, inscrito nos registros de Israel, declarando-O nosso irmão, era a esperança da caída humanidade. A Criança por quem fora pago o resgate era Aquele que devia pagar o resgate pelos pecados do mundo. Era Ele o verdadeiro "sumo Sacerdote sobre a casa de Deus" (Heb. 10:21), a cabeça de "um sacerdócio perpétuo", (Heb. 7:24) o intercessor "à destra da Majestade nas alturas" Heb. 1:3.

As coisas espirituais se discernem espiritualmente. No templo, o Filho de Deus foi consagrado à obra que viera fazer. O sacerdote olhou-O como o teria feito a qualquer outra criança. Mas, se bem que não visse nem sentisse nada de extraordinário, o ato de Deus em dar Seu Filho ao mundo não ficou despercebido. Essa ocasião não passou sem que Cristo fosse de algum modo reconhecido. "Havia em Jerusalém um homem cujo nome era Simeão; e este homem era justo e temente a Deus, esperando a Consolação d'Israel; e o Espírito Santo estava sobre ele. E fora-lhe revelado pelo Espírito Santo que ele não morreria antes de ter visto o Cristo do Senhor." Luc. 2:25 e 26.

Ao entrar Simeão no templo, vê uma família apresentando o primogênito ante o sacerdote. Sua aparência revela pobreza; mas Simeão compreende as advertências do Espírito, e é profundamente impressionado quanto a ser o menino que está sendo apresentado ao Senhor, a Consolação de Israel, Aquele que anelava ver. Ao surpreendido sacerdote, Simeão parece um homem enlevado. A criança fora devolvida a Maria, e ele a toma nos braços e a apresenta a Deus, enquanto sua alma é possuída de uma alegria que nunca dantes experimentara. Ao levantar o Salvador para o céu, diz: "Agora, Senhor, despedes em paz o Teu servo, segundo a Tua palavra; pois já os meus olhos viram a Tua salvação, a qual Tu preparaste perante a face de todos os povos; Luz para alumiar as nações, e para glória de Teu povo Israel." Luc. 2:29-32.

O Espírito de Profecia estava sobre este homem de Deus, e enquanto José e Maria ali permaneciam, admirando-se de suas palavras, ele os abençoou, e disse a Maria: "Eis que Este é posto para queda e elevação de muitos em Israel, e para sinal que é contraditado; (e uma espada traspassará também a tua própria alma); para que se manifestem os pensamentos de muitos corações." Luc. 2:35 e 36.

Também Ana, uma profetisa, entrou e confirmou o testemunho de Simeão a respeito de Cristo. Ao falar Simeão, seu rosto iluminou-se com a glória de Deus, e ela derramou suas sinceras ações de graças por lhe haver sido permitido contemplar o Cristo do Senhor.

Estes humildes adoradores não haviam estudado em vão as profecias. Mas os que ocupavam posições de príncipes e sacerdotes em Israel, conquanto tivessem igualmente diante de si as preciosas declarações dos profetas, não estavam andando no caminho do Senhor, e seus olhos não se achavam abertos para contemplar a Luz da vida.

Assim é ainda. Acontecimentos nos quais a atenção de todo o Céu se acha concentrada, não são discernidos, sua ocorrência passa despercebida pelos guias religiosos e os adoradores na casa de Deus. Os homens reconhecem Cristo na História, ao passo que se desviam do Cristo vivo. Cristo em Sua Palavra, convidando ao sacrifício, no pobre e sofredor que implora auxílio, na causa justa que envolve pobreza e fadiga e censuras, nestas coisas Ele não é hoje mais prontamente recebido do que o foi mil e novecentos anos atrás.

Maria ponderou a vasta e profunda profecia de Simeão. Ao

olhar para a criança que tinha nos braços, e relembrar as palavras dos pastores de Belém, enchia-se de grata alegria e iluminada esperança. As palavras de Simeão trouxeram-lhe à mente as proféticas declarações de Isaías: "Brotará um Rebento do tronco de Jessé, e das suas raízes um Renovo frutificará. E repousará sobre Ele o Espírito do Senhor, o espírito de sabedoria e de inteligência, o espírito de conselho e de fortaleza, o espírito de conhecimento e de temor do Senhor. . . . E a justiça será o cinto dos Seus lombos." Isa. 11:1-5 "O povo que andava em trevas, viu uma grande luz, e sobre os que habitavam na região da sombra da morte resplandeceu a luz. . . . Porque um Menino nos nasceu, um Filho se nos deu; e o principado está sobre os Seus ombros; e o Seu nome será: Maravilhoso, Conselheiro, Deus forte, Pai da eternidade, Príncipe da Paz." Isa. 9:2-6.

No entanto, Maria não compreendia a missão de Cristo. Simeão profetizara dEle como uma luz para os gentios, bem como uma glória para Israel. Assim o anjo anunciara Seu nascimento como novas de grande alegria para todos os povos. Deus estava procurando corrigir a estreita concepção judaica da obra do Messias. Desejava que os homens O olhassem, não somente como o libertador de Israel, mas como o Redentor do mundo. Muitos anos, porém, deviam passar antes de a própria mãe de Jesus poder compreender Sua missão.

Maria esperava o reino do Messias no trono de Davi, mas não via o batismo de sofrimento pelo qual esse trono devia ser conquistado. Por meio de Simeão revelava-se que o Messias não teria no mundo um caminho livre de obstáculos. Nas palavras dirigidas a Maria: "Uma espada traspassará também a tua própria alma", Deus, em Sua compassiva misericórdia, dá à mãe de Jesus uma indicação da angústia que já por amor dEle começara a suportar.

"Eis que Este é posto para queda e elevação de muitos em Israel, e para sinal que é contraditado", dissera Simeão. Teriam de cair os que se quisessem erguer novamente. Precisamos cair sobre a Rocha e despedaçar-nos, antes de poder ser elevados em Cristo. O eu tem de ser destronado, abatido o orgulho, se queremos conhecer a glória do reino espiritual. Os judeus não queriam aceitar a honra que se obtém por meio da humilhação. Não receberam, portanto, o Redentor. Ele foi um sinal contra o qual se falaria.

"Para que se manifestem os pensamentos de muitos corações." Luc. 2:35 À luz da vida do Salvador, o coração de todos, desde o Criador ao príncipe das trevas, é manifestado. Satanás tem representado a

Deus como egoísta e opressor, como pretendendo tudo e não dando nada, como reclamando o serviço de Suas criaturas para Sua própria glória, e não fazendo nenhum sacrifício em favor delas. Mas o dom de Cristo revela o coração do Pai. Ele testifica que os pensamentos de Deus a nosso respeito são "pensamentos de paz, e não de mal". Jer. 29:11. Declara que, ao passo que o ódio de Deus para com o pecado é forte como a morte, Seu amor para com o pecador é ainda mais forte do que a morte. Havendo empreendido nossa redenção, não poupará coisa alguma, por cara que Lhe seja, se necessário for à finalização de Sua obra. Nenhuma verdade essencial à nossa salvação é retida, nenhum milagre de misericórdia negligenciado, nenhum instrumento divino deixado de ser posto em ação. Os favores amontoam-se aos favores, as dádivas acrescentam-se às dádivas. Todo o tesouro do Céu se acha franqueado àqueles que Ele busca salvar. Havendo coletado as riquezas do Universo, e aberto os recursos do infinito poder, entrega tudo nas mãos de Cristo, e diz: Tudo isso é para o homem. Serve-Te de tudo isso para lhe provar que não há amor maior que o Meu na Terra e no Céu. Sua maior felicidade se achará em Me amar ele a Mim.

Na cruz do Calvário, o amor e o egoísmo encontraram-se face a face. Ali teve lugar sua suprema manifestação. Cristo vivera unicamente para confortar e beneficiar, e, ao levá-Lo à morte, Satanás manifestou a malignidade de seu ódio contra Deus. Tornou evidente que o real desígnio de sua rebelião, era destronar o Senhor, e destruir Aquele por meio de quem o Seu amor se manifestava.

Pela vida e morte de Cristo, também os pensamentos dos homens são trazidos à luz. Da manjedoura à cruz, a vida do Salvador foi um convite à entrega, e à participação no sofrimento. Revelou o desígnio dos homens. Jesus veio com a verdade do Céu, e todos quantos ouviam a voz do Espírito Santo foram atraídos a Ele. Os adoradores do próprio eu pertenciam ao reino de Satanás. Em sua atitude em relação a Cristo, todos manifestariam de que lado se achavam. E assim todos passam sobre si mesmos o julgamento.

No dia do juízo final, toda alma perdida compreenderá a natureza de sua rejeição da verdade. A cruz será apresentada, e sua real significação será vista por todo espírito que foi cegado pela transgressão. Ante a visão do Calvário com sua misteriosa Vítima, achar-se-ão condenados os pecadores. Toda falsa desculpa será banida. A apostasia humana aparecerá em seu odioso caráter. Os homens verão o que foi sua escolha. Toda questão de verdade e de erro, na longa controvérsia, terá então sido esclarecida. No juízo do Universo, Deus ficará isento de culpa pela existência ou continuação do mal. Será demonstrado que os decretos divinos não são cúmplices do pecado. Não havia defeito no governo de Deus, nenhum motivo de desafeto. Quando os pensamentos de todos os corações forem revelados, tanto os leais como os rebeldes se unirão em declarar: "Justos e verdadeiros são os Teus caminhos, ó Rei dos santos. Quem Te não temerá, ó Senhor, e não magnificará o Teu nome? . . . Porque os Teus juízos são manifestos." Apoc. 15:3 e 4.

4

"Vimos a Sua Estrela"

Este capítulo está basado em Mateus 2.

Tendo nascido Jesus em Belém de Judéia, no tempo do rei Herodes, eis que uns magos vieram do Oriente a Jerusalém, dizendo: Onde está Aquele que é nascido rei dos judeus? porque vimos a Sua estrela no Oriente, e viemos a adorá-Lo." Mat. 2:1 e 2.

Os magos do Oriente eram filósofos. Faziam parte de uma grande e influente classe que incluía homens de nobre nascimento, bem como muitos dos ricos e sábios de sua nação. Entre estes se achavam muitos que abusavam da credulidade do povo. Outros eram homens justos, que estudavam as indicações da Providência na Natureza, sendo honrados por sua integridade e sabedoria. Desses eram os magos que foram em busca de Jesus.

A luz de Deus está sempre brilhando entre as trevas do paganismo. Ao estudarem esses magos o céu estrelado, procurando sondar os mistérios ocultos em seus luminosos caminhos, viram a glória do Criador. Buscando mais claro entendimento, voltaram-se para as Escrituras dos hebreus. Guardados como tesouro havia, em sua própria terra, escritos proféticos, que prediziam a vinda de um mestre divino. Balaão pertencia aos magos, conquanto fosse em tempos profeta de Deus; pelo Espírito Santo predissera a prosperidade de Israel, e o aparecimento do Messias; e suas profecias haviam sido conservadas, de século em século, pela tradição. No Antigo Testamento, porém, a vinda do Salvador era mais claramente revelada. Os magos souberam, com alegria, que Seu advento estava próximo, e que todo o mundo se encheria do conhecimento da glória do Senhor.

Viram os magos uma luz misteriosa nos céus, naquela noite em que a glória de Deus inundara as colinas de Belém. Ao desvanecer-se a luz, surgiu uma luminosa estrela que permaneceu no céu. Não era uma estrela fixa, nem um planeta, e o fenômeno despertou o mais vivo interesse. Aquela estrela era um longínquo grupo de anjos resplandecentes, mas isso os sábios ignoravam. Tiveram, todavia, a impressão de que aquela estrela tinha para eles significado especial. Consultaram sacerdotes e filósofos, e examinaram os rolos dos antigos registros. A profecia de Balaão declarara: "Uma Estrela procederá de Jacó e um cetro subirá de Israel." Núm. 24:17. Teria acaso sido enviada essa singular estrela como precursora do Prometido? Os magos acolheram com agrado a luz da verdade enviada pelo Céu; agora era sobre eles derramada em mais luminosos raios. Foram instruídos em sonhos a ir em busca do recém-nascido Príncipe.

Como Abraão, pela fé, saíra em obediência ao chamado de Deus, "sem saber para onde ia" (Heb. 11:8); como, pela fé Israel seguira a coluna de nuvem até à terra prometida, assim esses gentios saíram à procura do prometido Salvador. Esse país oriental abundava em coisas preciosas, e os magos não se puseram a caminho de mãos vazias. Era costume, a príncipes ou outras personagens de categoria, oferecer presentes como ato de homenagem, e os mais ricos dons proporcionados por aquela região foram levados em oferta Àquele em quem haviam de ser benditas todas as famílias da Terra. Era necessário viajar de noite, a fim de não perderem de vista a estrela; mas os viajantes entretinham as horas proferindo ditos tradicionais e profecias a respeito dAquele a quem buscavam. Em toda parada que faziam para repouso, examinavam as profecias; e neles se aprofundava a convicção de que eram divinamente guiados. Enquanto, como sinal exterior, tinham diante de si a estrela, sentiam interiormente o testemunho do Espírito Santo, que lhes impressionava o coração, inspirando-lhes também esperança. Se bem que longa, a viagem foi feita com alegria.

Chegam à terra de Israel, e descem o monte das Oliveiras, tendo à vista Jerusalém, quando eis que a estrela que lhes servira de guia por todo o fatigante caminho detém-se por sobre o templo, desvanecendo-se, depois de algum tempo, aos seus olhos. Ansiosos, dirigem os passos para diante, esperando confiantemente que o nascimento do Messias fosse o jubiloso assunto de todas as bocas. São, porém, vãs suas pesquisas. Entretanto na santa cidade, dirigem-se ao templo. Para seu espanto, não encontram ninguém que parecesse saber do recém-nascido Rei. Suas perguntas não despertavam expressões de alegria, mas antes de surpresa e temor, não isentos de desprezo.

Os sacerdotes repetem as tradições. Exaltam sua própria religião e piedade, ao passo que acusam os gregos e romanos como maiores pagãos e pecadores que todos os outros. Os magos não são idólatras, e aos olhos de Deus ocupam lugar muito acima desses, Seus professos adoradores; todavia, são considerados pelos judeus como gentios. Mesmo entre os designados depositários dos Santos Oráculos, suas ansiosas perguntas não fazem vibrar nenhuma corda de simpatia. A chegada dos magos foi prontamente divulgada por toda Jerusalém. Sua estranha mensagem criou entre o povo um despertamento que penetrou no palácio do rei Herodes. O astuto edomita foi despertado ante a notícia de um possível rival. Inúmeros assassínios lhe haviam manchado o caminho ao trono. Sendo de sangue estrangeiro, era odiado pelo povo sobre quem governava. Sua única segurança era o favor de Roma. Esse novo Príncipe, no entanto, tinha mais elevado título. Nascera para o reino.

Herodes suspeitou que os sacerdotes estivessem tramando com os estrangeiros para despertar um tumulto popular, destronando-o. Ocultou, no entanto, sua desconfiança, decidido a malograr-lhes os planos por maior astúcia. Convocando os principais dos sacerdotes e os escribas, interrogou-os quanto aos ensinos dos livros sagrados com relação ao lugar do nascimento do Messias.

Essa indagação do usurpador do trono, e o ser feita a instâncias de estrangeiros, espicaçou o orgulho dos mestres judeus. A indiferença com que se voltaram para os rolos da profecia, irritou o ciumento tirano. Julgou que estavam buscando ocultar seu conhecimento do assunto. Com uma autoridade que não ousaram desatender, ordenou-lhes que fizessem atenta investigação e declarassem o lugar do nascimento do esperado Rei. "E eles lhe disseram: Em Belém de Judéia; porque assim está escrito pelo profeta:

"E tu Belém, terra de Judá,
de modo nenhum és a menor entre as capitais de Judá;
porque de ti sairá o Guia
que há de apascentar Meu povo de Israel." Mat. 2:6.

Herodes convidou então os magos a uma entrevista particular. Rugia-lhe no coração uma tempestade de ira e temor, mas manteve um exterior sereno, e recebeu cortesmente os estrangeiros. Indagou em que tempo aparecera a estrela, e professou saudar com alegria a notícia do nascimento de Cristo. Pediu a seus hóspedes: "Perguntai diligentemente pelo Menino, e quando O achardes, participai-mo, para que também eu vá e O adore." Assim falando, despediu-os, para que seguissem seu caminho a Belém.

Os sacerdotes e anciãos de Jerusalém não eram tão ignorantes a respeito do nascimento de Cristo como se faziam. A notícia da visita dos anjos aos pastores fora levada a Jerusalém, mas os rabis a tinham recebido como pouco digna de atenção. Eles próprios poderiam haver encontrado Jesus, e estado preparados para conduzir os magos ao lugar em que nascera; ao invés disso, porém, foram eles que lhes vieram chamar a atenção para o nascimento do Messias. "Onde está Aquele que é nascido Rei dos judeus?" perguntaram; "porque vimos a Sua estrela no Oriente, e viemos adorá-Lo." Mat. 2:2.

Então o orgulho e a inveja cerraram a porta à luz. Fossem acreditadas as notícias trazidas pelos pastores e os magos, e teriam colocado os sacerdotes e rabinos numa posição nada invejável, destituindo-os de suas pretensões a exponentes da verdade de Deus. Estes doutos mestres não desceriam a ser instruídos por aqueles a quem classificavam de gentios. Não poderia ser, diziam, que Deus os passasse por alto, para Se comunicar com pastores ignorantes ou incircuncisos pagãos. Resolveram mostrar desprezo pelas notícias que estavam agitando o rei Herodes e toda Jerusalém. Nem mesmo iriam a Belém, a ver se estas coisas eram assim. E levaram o povo a considerar o interesse em Jesus como despertamento fanático. Aí começou a rejeição de Cristo pelos sacerdotes e rabis. Daí cresceu seu orgulho e obstinação até se tornar em decidido ódio contra o Salvador. Enquanto Deus abria a porta aos gentios, estavam os chefes judeus fechando-a a si mesmos.

Sozinhos partiram os magos de Jerusalém. Caíam as sombras da noite quando saíram das portas, mas, para sua grande alegria viram novamente a estrela, e foram guiados a Belém. Não tinham, como os pastores, recebido comunicação quanto ao humilde estado da Criança. Depois da longa jornada, ficaram decepcionados com a indiferença dos chefes judeus, e deixaram Jerusalém menos confiantes do que nela penetraram. Em Belém, não encontraram nenhuma guarda real a proteger o recém-nascido Rei. Não havia a assisti-Lo nenhum dos grandes da Terra. Jesus estava deitado numa manjedoura. Os pais, iletrados camponeses, eram Seus únicos guardas. Poderia ser Este Aquele de quem estava escrito que havia de restaurar "as tribos de Jacó", e tornar a "trazer os remanescentes de Israel"; que seria "luz para os gentios", e "salvação . . . até à extremidade da Terra"? Isa. 49:6.

"E, entrando na casa, acharam o Menino com Maria, Sua mãe, e, prostrando-se, O adoraram." Mat. 2:11 Através da humilde aparência exterior de Jesus, reconheceram a presença da Divindade. Deram-Lhe o coração como a seu Salvador, apresentando então suas dádivas — "ouro, incenso e mirra". Que fé a sua! Como do centurião romano, mais tarde, poder-se-ia haver dito dos magos do Oriente: "Nem mesmo em Israel encontrei tanta fé." Mat. 8:10.

Os magos não haviam penetrado os desígnios de Herodes para com Jesus. Satisfeito o objetivo de sua viagem, prepararam-se para regressar a Jerusalém, na intenção de o pôr ao fato do êxito que haviam tido. Em sonho, porém, recebem a divina mensagem de não ter mais comunicações com ele. E, desviando-se de Jerusalém, partem para sua terra por outro caminho.

De igual maneira, recebeu José aviso de fugir para o Egito com Maria e a criança. E o anjo disse: "E demora-te lá até que eu te diga: porque Herodes há de procurar o Menino para O matar." Mat. 2:13. José obedeceu sem demora, pondo-se de viagem à noite, para maior segurança.

Por meio dos magos, Deus chamara a atenção da nação judaica para o nascimento de Seu Filho. Suas indagações em Jerusalém, o despertar do interesse popular, e o próprio ciúme de Herodes, que forçou a atenção dos sacerdotes e rabis, dirigiu os espíritos para as profecias relativas ao Messias, e ao grande acontecimento que acabava de ter lugar.

Satanás empenhava-se em dissipar do mundo a luz divina, e pôs em jogo sua máxima astúcia para destruir o Salvador. Mas Aquele que não dorme nem tosqueneja, velava por Seu amado Filho. Aquele que fizera chover maná do Céu para Israel, e alimentara Elias em tempo de fome, providenciou em terra pagã um refúgio para Maria e o menino Jesus. E, mediante as dádivas dos magos de um país gentílico, supriu o Senhor os meios para a viagem ao Egito, e a estadia em terra estranha.

Os magos estiveram entre os primeiros a saudar o Redentor. Foi a sua a primeira dádiva a Lhe ser posta aos pés. E por meio daquela dádiva, que privilégio em servir tiveram eles! Deus Se deleita em honrar a oferta de um coração que ama, dando-lhe a mais alta eficiência em Seu serviço. Se dermos o coração a Jesus, trar-Lhe-emos também as nossas dádivas. Nosso ouro e prata, nossas mais preciosas posses terrestres, nossos mais elevados dotes mentais e espirituais ser-Lheão inteiramente consagrados, a Ele que nos amou e Se entregou a Si mesmo por nós.

Em Jerusalém, Herodes aguardava impaciente a volta dos magos. Como passasse o tempo, e não aparecessem, despertaram-se nele suspeitas. A má vontade dos rabis em indicar o lugar do nascimento do Messias, parecia mostrar que lhe haviam penetrado o desígnio e que os magos se tinham propositadamente esquivado. Esse pensamento o enraiveceu. Falhara a astúcia, mas restava-lhe o recurso da força. Faria desse Rei-criança um exemplo. Aqueles insolentes judeus haviam de ver o que podiam esperar de suas tentativas de colocar um rei no trono.

Imediatamente foram enviados soldados a Belém, com ordem de matar todas as crianças de dois anos e para baixo. Os sossegados lares da cidade de Davi presenciaram aquelas cenas de horror que, seiscentos anos antes, haviam sido reveladas ao profeta. "Em Ramá se ouviu uma voz, lamentação, choro e grande pranto; Raquel chorando os seus filhos, e não querendo ser consolada, porque já não existem." Mat. 2:18.

Essa calamidade trouxeram os judeus sobre si mesmos. Houvessem estado nos caminhos da fidelidade e da humildade perante Deus, e Ele haveria, de maneira assinalada, tornado sem efeito para eles a ira do rei. Mas separaram-se de Deus por seus pecados, e rejeitaram o Espírito Santo, que lhes era a única proteção. Não estudaram as Escrituras com o desejo de se conformarem com a vontade de Deus. Buscaram as profecias que podiam ser interpretadas para sua exaltação, e mostraram que o Senhor desprezava as outras nações. Jactavam-se orgulhosamente de que o Messias havia de vir como rei, conquistando Seus inimigos e esmagando os gentios em Sua indignação. Assim haviam despertado o ódio dos governadores. Mediante a maneira por que desfiguravam a missão de Cristo, Satanás intentara tramar a destruição do Salvador; ao invés disso, porém, ela lhes caiu sobre a própria cabeça.

Este ato de crueldade foi um dos últimos que entenebreceu o reinado de Herodes. Pouco depois da matança dos inocentes, foi ele próprio obrigado a submeter-se àquela condenação que ninguém pode desviar. Teve morte terrível.

José, que ainda se achava no Egito, foi então solicitado por um anjo de Deus a voltar para a terra de Israel. Considerando Jesus como o herdeiro de Davi, José desejava estabelecer residência em Belém;

ouvindo, porém, que Arquelau reinava na Judéia em lugar de seu pai, receou que o desígnio do pai contra Cristo pudesse ser executado pelo filho. De todos os filhos de Herodes, era Arquelau o que mais se lhe assemelhava em caráter. Já sua sucessão no governo fora assinalada por um tumulto em Jerusalém, e o morticínio de milhares de judeus pelas guardas romanas.

Novamente foi José encaminhado para um lugar de segurança. Voltou para Nazaré, sua residência anterior, e ali, por cerca de trinta anos viveu Jesus, "para que se cumprisse o que fora dito pelos profetas: Ele será chamado Nazareno". Mat. 2:23. A Galiléia estava sob o domínio de um filho de Herodes, mas tinha uma mistura muito maior de habitantes estrangeiros do que a Judéia. Havia assim muito menos interesse nas questões que diziam respeito especialmente aos judeus, e os justos direitos de Jesus corriam menos riscos de despertar os ciúmes dos que estavam no poder.

Tal foi a recepção feita ao Salvador ao vir à Terra. Parecia não haver nenhum lugar de repouso ou segurança para o infante Redentor. Deus não podia confiar Seu amado Filho aos homens, nem mesmo enquanto levava avante Sua obra em benefício da salvação deles. Comissionou anjos para assisti-Lo e protegê-Lo até que cumprisse Sua missão na Terra, e morresse às mãos daqueles a quem viera salvar.

5

Em Criança

Este capítulo está baseado em Lucas 2:39, 40.

Ainfância e juventude de Jesus foram passadas numa pequenina aldeia montanhesa. Não haveria lugar na Terra que não se tivesse honrado por Sua presença. Os palácios reais ter-se-iam sentido privilegiados em O receber como hóspede. Mas Ele passou pelos lares afortunados, pelas cortes da realeza e pelas famosas sedes do saber, para fazer de Seu lar a obscura e desprezada Nazaré.

Maravilhoso em sua significação é o breve relatório da primeira parte de Sua vida: "E o Menino crescia e Se fortalecia em espírito, cheio de sabedoria; e a graça de Deus estava sobre Ele." Luc. 2:40.

À luz da presença de Seu Pai, crescia "Jesus em sabedoria e em estatura, e em graça para com Deus e os homens". Luc. 2:52. Seu espírito era ativo e penetrante, com uma reflexão e sabedoria além de Sua idade. Também o caráter era belo na harmonia que apresentava. As faculdades da mente e do corpo desenvolviam-se gradualmente, segundo as leis da infância.

Jesus revelava, como criança, disposição singularmente amável. Aquelas mãos cheias de boa vontade estavam sempre prontas para servir a outros. Manifestava uma paciência que coisa alguma conseguia perturbar, e uma veracidade nunca disposta a sacrificar a integridade. Firme como a rocha em questões de princípios, Sua vida revelava a graça da abnegada cortesia.

Com profunda solicitude observava a mãe de Jesus o desenvolvimento das faculdades da Criança, e contemplava o cunho de perfeição em Seu caráter. Era com deleite que procurava animar aquele espírito inteligente, de fácil apreensão. Por meio do Espírito Santo recebia sabedoria para cooperar com os instrumentos celestiais, no desenvolvimento dessa Criança que só tinha a Deus por Pai.

Desde os primitivos tempos, os fiéis em Israel haviam dado muita atenção à educação da juventude. O Senhor dera instruções quanto a ensinar-se as crianças desde a mais tenra idade, acerca de Sua bondade e grandeza, especialmente segundo estas se revelam em Sua lei, e se demonstram na história de Israel. Cânticos, orações e lições das Escrituras deviam ser adaptados à mente que se ia abrindo. Os pais e mães deviam instruir os filhos em que a lei de Deus é a expressão de Seu caráter, e que, ao receberem os princípios da lei no coração, a Sua imagem era gravada no espírito e na alma. Muito do ensino era feito oralmente; mas os jovens aprendiam também a ler os escritos dos hebreus, e os rolos de pergaminho das Escrituras do Antigo Testamento eram franqueados a seu estudo.

Ao tempo de Cristo, a vila ou cidade que não providenciava quanto à instrução religiosa da mocidade, era considerada sob a maldição de Deus. Todavia, o ensino se tornara formal. A tradição havia em alto grau sobrepujado as Escrituras. A verdadeira educação teria levado os jovens a "que buscassem ao Senhor, se porventura, tateando, O pudessem achar". Atos 17:27. Mas os mestres judeus davam atenção a questões cerimoniais. A mente era sobrecarregada com matéria sem valor para o que a aprendia, e que não seria reconhecida na escola superior das cortes do alto. A experiência obtida mediante a aceitação individual da Palavra de Deus, não tinha lugar no sistema educativo. Absorvido na rotina das coisas exteriores, o estudante não encontrava horas de sossego para estar com Deus. Não Lhe escutava a voz falando ao coração. Em sua procura de conhecimentos, desviava-se da Fonte de sabedoria. Os grandes elementos do serviço de Deus eram negligenciados, obscurecidos os princípios da lei. O que se considerava como educação superior constituía o maior obstáculo ao verdadeiro desenvolvimento. Sob a influência dos rabis, as faculdades dos jovens eram reprimidas. Seu espírito se tornava constrangido e estreito.

O menino Jesus não Se instruía nas escolas das sinagogas. Sua mãe foi Seu primeiro mestre humano. Dos lábios dela e dos rolos dos profetas, aprendeu as coisas celestiais. As próprias palavras por Ele ditas a Moisés para Israel, eram-Lhe agora ensinadas aos joelhos de Sua mãe. Ao avançar da infância para a juventude, não procurou as escolas dos rabis. Não necessitava da educação obtida de tais fontes; pois Deus Lhe servia de instrutor.

A pergunta feita durante o ministério do Salvador: "Como sabe Este letras, não as tendo aprendido?" (João 7:15) não quer dizer que Jesus não soubesse ler, mas simplesmente que não recebera instrução dos rabinos. Uma vez que Ele obteve conhecimento como o podemos fazer, Sua familiarização com as Escrituras mostra quão diligentemente os primeiros anos de Sua vida foram consagrados ao estudo da Palavra de Deus. E perante Ele estendia-se a grande biblioteca das obras criadas por Deus. Aquele que fizera todas as coisas, estudou as lições que Sua própria mão escrevera na Terra e no mar e no céu. Desviados dos profanos métodos do mundo, adquiriu da Natureza acumulados conhecimentos científicos. Estudava a vida das plantas e dos animais bem como a dos homens. Desde a mais tenra idade, possuía-O um único desígnio: vivia para beneficiar os outros. Para isso encontrava recursos na Natureza; novas idéias de meios e modos brotavam-Lhe na mente, ao estudar a vida das plantas e dos animais. Procurava continuamente tirar, das coisas visíveis, ilustrações pelas quais pudesse apresentar os vivos oráculos de Deus. As parábolas pelas quais, durante Seu ministério, gostava de ensinar lições acerca da verdade, mostram quão aberto Lhe estava o espírito às influências da Natureza, e como colhera do ambiente que O cercava na vida diária, os ensinos espirituais.

Assim se revelava a Jesus o significado da palavra e das obras de Deus, ao buscar compreender a razão das coisas. Os seres celestiais serviam-Lhe de assistentes, e cultivava santos pensamentos e comunhão. Desde os primeiros clarões da inteligência, foi sempre crescendo em graça espiritual e no conhecimento da verdade.

Toda criança pode adquirir conhecimento como Jesus o adquiriu. Ao procurarmos relacionar-nos com nosso Pai celestial através de Sua Palavra, anjos se achegarão a nós, nossa mente será fortalecida, nosso caráter elevado e apurado. Tornar-nos-emos mais semelhantes a nosso Salvador. E, ao contemplarmos o que é belo e grande na Natureza, nossas afeições crescem para com Deus. Ao mesmo tempo que o espírito se enche de reverente respeito, a alma se fortalece ao pôr-se em contato com o Infinito por meio de Suas obras. A comunhão com Deus, mediante a oração, desenvolve as faculdades mentais e morais, e as espirituais se robustecem ao cultivarmos pensamentos sobre assuntos espirituais.

A vida de Jesus estava em harmonia com Deus. Enquanto criança, pensava e falava como criança; mas nenhum traço de pecado desfigurava nEle a imagem divina. Não ficou, no entanto, isento de tentação. Os habitantes de Nazaré eram proverbiais por sua impiedade. O mau conceito em que eram geralmente tidos, revela-se na pergunta de Natanael: "Pode vir alguma coisa boa de Nazaré"? João 1:46. Jesus foi colocado num lugar em que Seu caráter seria provado. Era-Lhe necessário estar sempre em guarda, a fim de conservar Sua pureza. Estava sujeito a todos os conflitos que nós outros temos de enfrentar, para que nos pudesse servir de exemplo na infância, na juventude, na idade varonil.

Satanás era infatigável em seus esforços para vencer a Criança de Nazaré. Desde Seus primeiros anos Jesus era guardado por anjos celestiais, todavia Sua vida foi uma longa luta contra os poderes das trevas. Que houvesse de existir na Terra uma vida isenta da contaminação do mal, era uma ofensa e perplexidade para o príncipe das trevas. Não houve meio que não tentasse para enredar Jesus. Nenhum dos filhos dos homens será jamais chamado a viver uma vida santa em meio de tão renhido conflito com a tentação como nosso Salvador.

Os pais de Jesus eram pobres, e dependentes de sua tarefa diária. Ele estava familiarizado com a pobreza, a abnegação, as privações. Essa experiência serviu-Lhe de salvaguarda. Em Sua laboriosa vida não havia momentos ociosos para convidar a tentação. Nenhuma hora vaga abria a porta às companhias corruptoras. Tanto quanto possível, cerrava a porta ao tentador. Ganho ou prazer, aplauso ou reprovação, não O podiam levar a condescender com uma ação má. Era prudente para discernir o mal, e forte para a ele resistir.

Foi Cristo o único Ser livre de pecado, que já existiu na Terra; todavia, viveu por quase trinta anos entre os ímpios habitantes de Nazaré. Este fato é uma repreensão aos que fazem depender de lugar, fortuna ou prosperidade o viver uma vida irrepreensível. Tentação, pobreza, adversidade, eis justamente a disciplina necessária para o desenvolvimento da pureza e firmeza.

Jesus viveu num lar de camponeses, e desempenhou fiel e alegremente Sua parte em suportar as responsabilidades da vida doméstica. Fora o Comandante do Céu, e anjos se tinham deleitado em Lhe cumprir as ordens; era agora um voluntário Servo, um Filho amorável e obediente. Aprendeu um ofício, e trabalhava com as próprias mãos na oficina de carpintaria de José. Nos simples trajes de operário comum, caminhava pelas ruas da pequenina cidade, indo e voltando em Seu humilde labor. Não empregava o poder divino de que dispunha para aliviar os próprios fardos ou diminuir a própria lida.

À medida que Jesus trabalhava na infância e na juventude, mente e físico se Lhe desenvolviam. Não empregava descuidadamente as forças físicas, mas de maneira a conservá-las sãs, a fim de fazer o melhor trabalho possível em todos os sentidos. Não queria ser deficiente, nem mesmo no manejo dos instrumentos de trabalho. Era perfeito como operário, da mesma maneira que o era no caráter. Pelo exemplo, ensinou que nos cumpre ser industriosos, que nosso trabalho deve ser executado com exatidão e esmero, tornando-se assim honroso. O exercício que ensina as mãos a serem úteis, e educa os jovens em fazer sua parte quanto às responsabilidades da vida, comunica robustez física, e desenvolve todas as faculdades. Todos devem procurar fazer alguma coisa que lhes seja útil, ou de auxílio a outros. Deus designou o trabalho como uma bênção, e somente o trabalhador diligente encontra a verdadeira glória e alegria da vida. A aprovação de Deus repousa com amável confiança sobre as crianças e jovens que desempenham alegremente sua parte nos deveres da família, partilhando as responsabilidades do pai e da mãe. Tais filhos sairão de casa para ser úteis membros da sociedade.

Através de Sua existência terrestre, Jesus foi um ativo e constante trabalhador. Esperava muito resultado; muito empreendia, portanto. Depois de iniciar o ministério, disse: "Convém que Eu faça as obras dAquele que Me enviou, enquanto é dia; a noite vem, quando ninguém pode trabalhar." João 9:4. Jesus não Se esquivava a cuidados e responsabilidades, como fazem muitos que professam ser Seus seguidores. É porque procuram furtar-se a essa disciplina que tantos são fracos e ineficientes. Podem possuir preciosos e amáveis traços, mas são sem fibra e quase inúteis quando há dificuldade a enfrentar e obstáculos a transpor. A positividade e energia, a solidez e resistência de caráter manifestadas em Cristo, tem de se desenvolver em nós, mediante a mesma disciplina que Ele suportou. E caber-nos-á a mesma graça por Ele recebida.

Enquanto viveu entre os homens, nosso Salvador participou da sorte dos pobres. Conhecia por experiência seus cuidados e asperezas, e podia confortar e animar a todos os humildes obreiros. Os que possuem verdadeira concepção dos ensinos de Sua vida, não pensarão nunca que se deva fazer distinção de classes, que os ricos devam ser honrados de preferência aos pobres dignos.

Jesus punha em Seu trabalho alegria e tato. Muita paciência e espiritualidade se requerem para introduzir a religião bíblica na vida familiar e na oficina, suportar a tensão dos negócios do mundo, e todavia conservar as vistas unicamente voltadas para a glória de

Deus. Aí é que Jesus foi um auxiliador. Nunca estava tão cheio de cuidados do mundo que não tivesse tempo para pensar nas coisas de cima. Exprimia freqüentemente o contentamento que Lhe ia no coração, cantando salmos e hinos celestiais. Muitas vezes ouviam os moradores de Nazaré Sua voz erguer-se em louvor e ações de graças a Deus. Entretinha em cânticos comunhão com o Céu; e quando os companheiros se queixavam, da fadiga do trabalho, eram animados pela doce melodia de Seus lábios. Dir-se-ia que Seu louvor banisse os anjos maus, e, como incenso, enchesse de fragrância o lugar em que Se achava. O espírito dos ouvintes era afastado de seu terreno exílio, para o lar celestial.

Jesus era fonte de vivificante misericórdia para o mundo; e durante todos aqueles retirados anos de Nazaré, Sua vida fluía em correntes de simpatia e ternura. Os velhos, os sofredores, os oprimidos de pecado, as crianças a brincar em sua inocente alegria, as criaturinhas dos bosques, os pacientes animais de carga — todos se sentiam mais felizes por Sua presença. Aquele cuja palavra poderosa sustinha os mundos, detinha-Se para aliviar um pássaro ferido. Nada havia para Ele indigno de Sua atenção, coisa alguma a que desdenhasse prestar auxílio.

Assim, à medida que Se desenvolvia em sabedoria e estatura, crescia Jesus em graça para com Deus e os homens. Atraía a simpatia de todos os corações, mediante a capacidade que revelava de Se compadecer de todos. A atmosfera de esperança e valor que O circundava, tornava-O uma bênção em todo lar. Muitas vezes na sinagoga, aos sábados, era convidado para ler a lição dos profetas, e o coração dos ouvintes fremia, pois nova luz brilhava nas palavras familiares dos textos sagrados.

Não obstante, Jesus fugia à ostentação. Durante todos os anos de Sua residência em Nazaré, não fez exibição de Seu miraculoso poder. Não buscou altas posições, nem pretendeu nenhum título. Sua vida quieta e simples, e mesmo o silêncio das Escrituras a respeito dos primeiros anos de Sua vida, ensinam importante lição. Quanto mais simples e tranqüila a vida de uma criança — quanto mais livre de despertamentos artificiais e quanto mais em harmonia com a Natureza — tanto mais favorável é ela ao vigor físico e mental, e à robustez espiritual.

Jesus é nosso exemplo. Muitos há que se detêm com interesse sobre o período de Seu ministério público, enquanto passam por alto os ensinos de Seus primeiros anos. É, porém, na vida doméstica que Ele é o modelo de todas as crianças e jovens. O Salvador condescendeu em ser pobre, para poder ensinar quão intimamente podemos nós, em uma vida humilde, andar com Deus. Viveu para agradar, honrar e glorificar o Pai nas coisas comuns da vida. Sua obra começou por consagrar o humilde ofício do operário que labuta para ganhar o pão cotidiano. Quando trabalhava ao banco de carpinteiro, fazia tanto a obra de Deus, como quando operava milagres em favor da multidão. E todo jovem que segue o exemplo de Cristo na fidelidade e obediência em Seu humilde lar, pode reclamar aquelas palavras proferidas a respeito dEle, pelo Pai, por intermédio do Espírito Santo: "Eis aqui o Meu Servo a quem sustenho, o Meu Eleito, em quem se compraz a Minha alma." Isa. 42:1.

6

A Visita Pascoal

Este capítulo está basado em Lucas 2:41-51.

Entre os judeus, os doze anos eram a linha divisória entre a infância e a juventude. Ao completar esta idade, um menino hebreu era considerado filho da lei, e também filho de Deus. Eram-lhe dadas especiais oportunidades para instruções religiosas, e esperava-se que participasse das festas e observâncias sagradas. Foi em harmonia com esse costume, que Jesus fez em Sua meninice a visita pascoal a Jerusalém. Como todos os israelitas devotos, José e Maria iam todos os anos assistir à Páscoa; e quando Jesus havia atingido a necessária idade, levaram-nO consigo.

Havia três festividades anuais — a Páscoa, o Pentecostes e a Festa dos Tabernáculos — festas em que todos os homens de Israel tinham ordem de comparecer perante o Senhor em Jerusalém. Destas, era a Páscoa a mais concorrida. Havia presentes muitos de todos os países por onde os judeus tinham sido espalhados. De todas as partes da Palestina, vinham os adoradores em grande número. A viagem da Galiléia levava diversos dias, e os viajantes reuniam-se em grandes grupos, já pela companhia, já pela proteção. As mulheres e os homens de idade viajavam em bois e asnos, pelos acidentados e pedregosos caminhos. Os homens mais fortes e os jovens viajavam a pé. O tempo da Páscoa era o fim de março ou começo de abril, e toda a terra estava adornada de flores, alegrada com os cânticos dos pássaros. Por todo o caminho, encontravam-se lugares memoráveis na história de Israel, e pais e mães contavam aos filhos as maravilhas que Deus operara por Seu povo, nos séculos passados. Entretinham a jornada com cânticos e música e quando, afinal, se avistavam as torres de Jerusalém, todas as vozes se juntavam nos triunfantes cânticos:

"Os nossos pés estão
dentro de tuas portas, ó Jerusalém . . .
Haja a paz dentro dos teus muros,
e prosperidade dentro dos teus palácios." Sal. 122:2 e 7.

A observância da Páscoa começou com o nascimento da nação hebraica. Na última noite de sua servidão no Egito, quando não havia sinal de libertação, Deus lhes ordenou que se preparassem para um imediato livramento. Advertira Faraó do juízo final sobre os egípcios, e deu aos hebreus instruções para reunirem suas famílias dentro das próprias casas. Havendo aspergido as ombreiras e vergas da porta com o sangue do cordeiro imolado, deviam comer o cordeiro, assado, com pão sem fermento, e ervas amargas. "Assim pois o comereis", disse Ele: "os vossos lombos cingidos, os vossos sapatos nos pés, e o vosso cajado na mão; e o comereis apressadamente; esta é a Páscoa do Senhor." Êxo. 12:11. À meia-noite, todos os primogênitos dos egípcios foram mortos. Então o rei enviou a Israel a mensagem: "Levantai-vos, saí do meio do meu povo;... e ide, servi ao Senhor, como tendes dito." Êxo. 12:31. Os hebreus saíram do Egito como nação independente. O Senhor ordenara que a Páscoa fosse observada anualmente. "E", disse Ele, "quando vossos filhos vos disserem: Que culto é este? vós lhes direis: É o sacrifício da Páscoa ao Senhor, que passou as casas dos filhos de Israel no Egito, quando feriu aos egípcios". Êxo. 12:27. Assim, de geração em geração devia ser narrada a história desse maravilhoso livramento.

A Páscoa era seguida pela festa dos sete dias de pães asmos. No segundo dia da festa, os primeiros frutos da colheita anual, um molho de cevada, eram apresentados ao Senhor. Todas as cerimônias da festa eram símbolos da obra de Cristo. A libertação de Israel do Egito era uma lição objetiva da redenção, que a Páscoa se destinava a conservar na memória. O cordeiro imolado, o pão asmo, o molho dos primeiros frutos, representavam o Salvador.

Para a maioria das pessoas, ao tempo de Cristo, a observância dessa festa degenerara em mera formalidade. Qual, porém, sua significação para o Filho de Deus?!

Pela primeira vez, contemplou o menino Jesus o templo. Viu os sacerdotes de vestes brancas, realizando seu solene ministério. Viu a ensangüentada vítima sobre o altar do sacrifício. Com os adoradores, inclinou-Se em oração, enquanto ascendia perante Deus a nuvem de incenso. Testemunhou os impressivos ritos da cerimônia pascoal. Dia a dia, observava mais claramente a significação dos mesmos. Cada ato parecia estar ligado a Sua própria vida. No íntimo acordavam-se-Lhe novos impulsos. Silencioso e absorto, parecia estudar a solução de um grande problema. O mistério de Sua missão desvendava-se ao Salvador.

Enlevado pela contemplação dessas cenas, não permaneceu ao lado dos pais. Buscou estar sozinho. Ao terminarem as cerimônias pascoais, demorou-Se ainda no pátio do templo; e, ao partirem os adoradores de Jerusalém, Jesus foi deixado ali.

Nessa visita a Jerusalém, os pais de Jesus desejavam pô-Lo em contato com os grandes mestres de Israel. Conquanto fosse obediente em todos os particulares à Palavra de Deus, não Se conformava com os ritos e usos dos rabis. José e Maria esperavam que fosse levado a reverenciar os doutos rabinos, e a atender mais diligentemente a suas exigências. Mas Jesus, no templo, fora instruído por Deus. Aquilo que recebera, começou imediatamente a comunicar.

Naquela época, um aposento ligado ao templo estava sendo ocupado por uma escola sagrada, à maneira das escolas dos profetas. Ali se reuniam mestres de destaque, com os alunos, e ali foi ter o menino Jesus. Sentando-Se aos pés desses homens sérios e doutos, ouvia-lhes as instruções. Como pessoa que busca saber, interrogava esses mestres relativamente às profecias, e a acontecimentos que estavam então ocorrendo e indicavam o advento do Messias.

Jesus Se apresentou como pessoa sedenta de conhecimento de Deus. Suas perguntas eram sugestivas de profundas verdades que havia muito jaziam obscurecidas, e eram, todavia, vitais para a salvação de almas. Ao mesmo tempo que revelavam quão limitado e superficial era o conhecimento dos sábios, cada pergunta punha perante eles uma lição divina, e apresentava a verdade sob novo aspecto. Falavam os rabis da maravilhosa elevação que a vinda do Messias havia de trazer à nação judaica; mas Jesus apresentava a profecia de Isaías, e perguntava-lhes o sentido daqueles textos que indicavam o sofrimento e a morte do Cordeiro de Deus.

Os doutores voltavam-se para Ele com perguntas, e pasmavam de Suas respostas. Com a humildade de criança, repetia as palavras da Escritura, dando-lhes profundeza de sentido que os sábios não haviam alcançado. Seguidos, os traços da verdade por Ele indicados teriam operado uma reforma na religião da época. Ter-se-ia despertado profundo interesse nas coisas espirituais; e quando Jesus começasse Seu ministério, muitos estariam preparados para O receber.

Os rabis sabiam que Jesus não havia sido instruído em suas escolas; no entanto, Seu conhecimento das profecias excedia em muito o deles próprios. Nesse refletido Rapazinho galileu divisaram grandes promessas. Desejaram angariá-Lo como aluno, a fim de que Se tornasse mestre em Israel. Queriam encarregar-se de Sua educação, convencidos de que um espírito tão original devia ser educado sob sua direção. As palavras de Jesus lhes moveram o coração como este nunca o havia sido por palavras de lábios humanos. Deus estava procurando comunicar luz àqueles guias em Israel, e servia-Se do único meio pelo qual poderiam ser atingidos. Em seu orgulho, teriam desdenhado a hipótese de receber instruções de quem quer que fosse. Se houvesse parecido que Jesus procurava ensiná-los, desdenhariam ouvi-Lo. Mas lisonjeavam-se com a idéia de que O estavam ensinando a Ele ou, pelo menos, examinando Seu conhecimento das Escrituras. A modéstia juvenil e a graça de Jesus lhes desarmava os preconceitos. Inconscientemente, seu espírito abriu-se à Palavra de Deus, e o Espírito Santo lhes falou ao coração.

Não puderam deixar de ver que sua expectação com respeito ao Messias, não tinha o apoio da profecia; mas não queriam renunciar as teorias que lhes tinham lisonjeado a ambição. Não admitiam haver compreendido mal as Escrituras que pretendiam ensinar. Interrogaram-se uns aos outros: Como tem esse rapaz conhecimento, não havendo nunca aprendido? A luz estava brilhando nas trevas; mas "as trevas não a compreenderam". João 1:5.

Entretanto, José e Maria achavam-se em grande perplexidade e aflição. Na partida de Jerusalém, haviam perdido de vista a Jesus, e não sabiam que Se demorara atrás. O país era então densamente povoado, e muito grandes as caravanas dos galileus. Havia muita confusão quando deixaram a cidade. Pelo caminho, o prazer de viajar com os amigos e conhecidos absorveu-lhes a atenção, e não Lhe perceberam a ausência até que chegou a noite. Então, ao pararem para o repouso, sentiram falta das prestimosas mãos de seu filho. Julgando que estivesse com os companheiros, não haviam sentido ansiedade. Jovem como era, nEle confiavam inteiramente, esperando que, quando necessário, estaria pronto a auxiliá-los, antecipando-lhes as necessidades, como sempre fizera. Agora, porém, se suscitaram temores. Procuraram-nO entre os que os acompanhavam, mas em vão. Tremendo, lembraram-se de como Herodes O buscara destruir em Sua infância. Negros pressentimentos lhes encheram o coração. Faziam-se a si mesmos amargas recriminações.

Voltando a Jerusalém, prosseguiram suas buscas. No dia seguinte, ao misturarem-se com os adoradores no templo, uma voz familiar lhes chamou a atenção. Não a podiam confundir;

nenhuma outra era como a Sua, tão séria e grave, não obstante tão melodiosa. Na escola dos rabinos, encontraram Jesus. Regozijando-se, embora, não puderam esquecer seu desgosto e ansiedade. Tendo-O novamente consigo, disse a mãe, em palavras que envolviam uma reprovação: "Filho, por que fizeste assim para conosco? Eis que Teu pai e eu ansiosos Te procurávamos." "Por que é que Me procuráveis? Não sabeis que Me convém tratar dos negócios de Meu Pai?" Luc. 2:48 e 49. E, como parecessem não compreender Suas palavras, apontou para cima. Havia em Seu rosto uma luz que os levou a meditar. A divindade estava irradiando através da humanidade. Encontrando-O no templo, haviam escutado o que se passava entre Ele e os rabis, e ficaram admirados de Suas perguntas e respostas. Suas palavras despertaram uma corrente de idéias que nunca mais seriam esquecidas.

E a resposta que lhes dera encerrava uma lição. "Não sabeis", dissera Ele, "que Me convém tratar dos negócios de Meu Pai?" Jesus estava empenhado na obra para cumprimento da qual viera a este mundo; mas José e Maria haviam negligenciado a sua. Grande honra lhes conferira Deus em confiar-lhes Seu Filho. Santos anjos tinham dirigido a José, a fim de proteger a vida de Jesus. Mas, por um dia inteiro haviam perdido de vista Aquele a quem não deviam ter esquecido nem por um momento. E, ao ser-lhes aliviada a ansiedade, não se censuraram a si mesmos, mas lançaram sobre Ele a culpa.

Era natural que os pais de Jesus O considerassem como seu próprio filho. Estava diariamente com eles, a muitos respeitos Sua vida era como a das outras crianças, e era-lhes difícil compreender ser Ele o Filho de Deus. Estavam em risco de deixar de apreciar a bênção a eles concedida pela presença do Redentor do mundo. O desgosto de se haverem separado dEle, e a branda reprovação contida em Suas palavras, visavam impressioná-los quanto à santidade do depósito que lhes fora confiado.

Na resposta dada a Sua mãe, Jesus mostrou pela primeira vez que compreendia Sua relação para com Deus. Antes de Seu nascimento o anjo dissera a Maria: "Este será grande, e será chamado Filho do Altíssimo; e o Senhor Deus Lhe dará o trono de Davi Seu pai; e reinará eternamente na casa de Jacó." Luc. 1:32 e 33. Aquelas palavras, Maria ponderara em seu coração; no entanto, ao passo que acreditava que Seu filho havia de ser o Salvador de Israel, não Lhe compreendia a missão. Agora, não Lhe entendeu as palavras; mas sabia que negara Seu parentesco com José, e declarara Sua filiação de Deus.

Jesus não deixara de respeitar Sua relação para com Seus pais terrestres. Voltou de Jerusalém com eles, e ajudou-os em sua vida de labor. Ocultava na própria alma o mistério de Sua missão, esperando submisso o tempo designado para iniciar Sua obra. Durante dezoito anos, depois de haver reconhecido ser o Filho de Deus, reconheceu também os laços que O ligavam ao lar de Nazaré, e cumpriu os deveres de filho, irmão, amigo e cidadão. Ao ser-Lhe Sua missão revelada no templo, Jesus Se esquivou ao contato da multidão. Desejava voltar de Jerusalém quietamente, com os que sabiam o segredo de Sua existência. Mediante a cerimônia pascoal, Deus estava procurando desviar Seu povo dos cuidados terrenos que tinham, e fazê-lo lembrar a maravilhosa obra que fizera em sua libertação do Egito. Desejava que vissem nessa obra uma promessa de libertação do pecado. Como o sangue do cordeiro morto protegera os lares de Israel, assim lhes salvaria a alma o sangue de Cristo; mas eles só se podiam salvar por meio de Cristo, apoderando-se, pela fé, de Sua vida, como sendo deles mesmos. Só havia virtude no simbólico cerimonial, ao serem os adoradores por ele dirigidos a Cristo como seu Salvador pessoal. Deus desejava que fossem levados a estudar a missão de Cristo, e sobre ela meditar com oração. Ao partirem de Jerusalém, as multidões, no entanto, o despertar da viagem e a comunicação social absorviam freqüentemente a atenção deles, e era esquecido o cerimonial que acabavam de testemunhar. O Salvador não foi atraído para a companhia deles.

Ao voltarem José e Maria de Jerusalém sozinhos com Jesus, Ele esperava dirigir-lhes a atenção às profecias concernentes aos sofrimentos do Salvador. Sobre o Calvário, procurou aliviar a dor de Sua mãe. Estava agora pensando nela. Maria tinha que testemunhar Sua derradeira agonia, e Jesus desejava que ela compreendesse Sua missão, a fim de fortalecer-se para resistir, quando a espada lhe houvesse de traspassar a alma. Como Jesus estivera separado dela, e por três dias O procurara aflita, assim, quando fosse oferecido pelos pecados do mundo, estaria novamente perdido para ela três dias. E ao ressurgir Ele do sepulcro, sua tristeza se transformaria outra vez em júbilo. Mas quão melhor teria ela suportado a angústia da morte do Filho, se houvesse compreendido as Escrituras para as quais Ele lhe procurava agora volver os pensamentos!

Se José e Maria houvessem firmado a mente em Deus, mediante meditação e oração, teriam avaliado a santidade do depósito que lhes era confiado, e não teriam perdido de vista a Jesus. Pela negligência de um dia perderam o Salvador; custou-lhes, porém, três dias de ansiosas buscas o tornar a encontrá-Lo. O mesmo quanto a nós; por conversas ociosas, por maledicência ou negligência da oração, podemos perder num dia a presença do Salvador, e talvez leve muitos dias de dolorosa busca o tornar a achá-Lo, e reconquistar a paz que perdemos.

Em nossas relações uns com os outros, devemos estar atentos para não perder a Jesus, continuando o caminho sem nos advertir de que Ele não Se acha conosco. Quando nos absorvemos em coisas mundanas, de maneira que não temos um pensamento para Aquele em quem se concentra nossa esperança de vida eterna, separamo-nos de Jesus e dos anjos celestiais. Esses santos seres não podem permanecer onde a presença do Salvador não é desejada, e Sua ausência não é sentida. Eis porque tantas vezes se faz sentir o desânimo entre os professos seguidores de Cristo.

Muitos assistem a cultos e são refrigerados e confortados pela Palavra de Deus; mas, devido à negligência da meditação, vigilância e orações, perdem a bênção, sentindo-se mais vazios do que antes de a receberem. Sentem freqüentemente que Deus os tem tratado duramente. Não vêem que a falta está com eles mesmos. Separando-se de Jesus, afugentaram a luz da Sua presença.

Far-nos-ia bem passar diariamente uma hora a refletir sobre a vida de Jesus. Deveremos tomá-la ponto por ponto, e deixar que a imaginação se apodere de cada cena, especialmente as finais. Ao meditar assim em Seu grande sacrifício por nós, nossa confiança nEle será mais constante, nosso amor vivificado, e seremos mais profundamente imbuídos de Seu espírito. Se queremos ser salvos afinal, teremos de aprender aos pés da cruz a lição de arrependimento e humilhação.

Ao comunicarmos uns com os outros, podemos ser, mutuamente, uma bênção. Se somos de Cristo, nossos mais gratos pensamentos serão em torno dEle. Teremos prazer em falar a Seu respeito; e ao falarmos uns aos outros em Seu amor, nosso coração será abrandado por influências divinas. Contemplando a beleza de Seu caráter, seremos "transformados de glória em glória na mesma imagem". II Cor. 3:18.

7

Dias de Luta

Desde os mais tenros anos, a criança judia era rodeada das exigências dos rabinos. Rígidas regras se prescreviam para cada ato até as mais pequeninas minúcias da vida. Sob a direção dos mestres das sinagogas, os jovens eram instruídos nos inúmeros regulamentos que, como israelitas ortodoxos, se esperava que observassem. Jesus, porém, não Se interessava nessas coisas. Desde a infância agia independentemente das leis dos rabinos. As Escrituras do Antigo Testamento eram Seu constante estudo, e as palavras "Assim diz o Senhor", Lhe estavam sempre nos lábios.

À medida que as condições do povo começaram a ser patentes ao Seu espírito, viu que as exigências da sociedade e as de Deus se achavam em constante conflito. Os homens se estavam afastando da Palavra de Deus, e exaltando teorias de sua própria invenção. Observavam ritos tradicionais que nenhuma virtude possuíam. Seu culto era simples rotina de cerimônias; as sagradas verdades que se destinavam a ensinar, achavam-se ocultas aos adoradores. Via Jesus que, em seus cultos destituídos de fé, não encontravam paz. Não conheciam a liberdade de espírito que lhes adviria de servir a Deus em verdade. Jesus viera para ensinar a significação do culto de Deus, e não podia sancionar a mistura de exigências humanas com os divinos preceitos. Não atacava os preceitos ou práticas dos doutos mestres; mas quando O reprovavam por Seus próprios hábitos simples, apresentava a Palavra de Deus em justificação de Sua conduta.

Por todos os meios brandos e submissos, procurava Jesus agradar àqueles com quem estava em contato. Por ser tão amável, nunca estorvando a ninguém, os escribas e anciãos julgavam que seria facilmente influenciado por seus ensinos. Insistiam com Ele para que aceitasse as máximas e tradições que haviam sido transmitidas dos antigos rabis, mas Jesus pedia para as mesmas a autorização da Santa

Escritura. Estava pronto a ouvir toda palavra que sai da boca de Deus; não podia, entretanto, obedecer às invenções dos homens. Parecia conhecer as Escrituras de princípio a fim, e apresentava-as em sua verdadeira significação. Os rabis envergonhavam-se de ser ensinados por uma criança. Pretendiam ser seu ofício explicar as Escrituras, e a Ele competia aceitar-lhes as interpretações. Indignavam-se de que Se pusesse em oposição à palavra deles. Sabiam os rabinos que nenhuma autoridade se podia encontrar nas Escrituras para suas tradições. Compreendiam que, em entendimento espiritual, Jesus Se achava muito além deles. Zangavam-se, no entanto, porque não lhes obedecia aos ditames. Não podendo convencê-Lo, buscaram José e Maria, expondo-lhes Sua atitude de insubmissão. Assim sofreu Ele repreensão e censura.

Desde mui tenra idade, começara Jesus a agir por Si na formação de Seu caráter, e nem mesmo o respeito e o amor aos pais O podiam desviar de obedecer à Palavra de Deus. "Está escrito", era Sua razão para cada ato que destoasse dos costumes domésticos. A influência dos rabinos, porém, tornou-Lhe amarga a vida. Mesmo na mocidade teve que aprender a dura lição do silêncio e da paciência no sofrimento.

Seus irmãos, como eram chamados os filhos de José, tomavam o lado dos rabinos. Insistiam em que a tradição deveria ser atendida, como se fossem ordens divinas. Consideravam até os preceitos dos homens como mais altos que a Palavra de Deus, e ficavam sobremaneira aborrecidos com a clara penetração de Jesus em distinguir entre o falso e o verdadeiro. Sua estrita obediência à lei de Deus, condenavam como obstinação. Ficavam surpreendidos do conhecimento e sabedoria que revelava em Suas respostas aos rabis. Sabiam que não recebera instruções dos sábios e, no entanto, não podiam deixar de ver que era para eles um instrutor. Reconheciam que Sua educação era de mais alta ordem que a deles próprios. Não discerniam, entretanto, que havia tido acesso à árvore da vida, fonte de saber para eles desconhecida.

Cristo não tinha espírito de exclusivismo, e escandalizara especialmente os fariseus por Se afastar a esse respeito de seus rígidos regulamentos. Encontrara os domínios da religião cercados de alta muralha de exclusivismo, como assunto demasiado santo para a vida diária. Esses muros de divisão, Ele os derribou. Em Seu trato com os homens, não indagava: Qual é seu credo? a que igreja pertence? Exercia Seu poder de beneficiar em favor de todos os que necessitassem de auxílio. Em lugar de fechar-Se numa cela de eremita a fim de mostrar

Seu caráter celestial, trabalhava fervorosamente pela humanidade. Incutia o princípio de não consistir a religião bíblica em mortificações corporais. Ensinava que a religião pura e incontaminada não se deve manifestar apenas em determinados tempos e ocasiões especiais. Em todos os tempos e lugares demonstrava amorável interesse pelos homens, irradiando em torno a luz de uma animosa piedade. Tudo isso era uma censura aos fariseus. Mostrava que a religião não consiste em egoísmo, e que sua mórbida dedicação ao interesse pessoal estava longe de ser verdadeira piedade. Isso despertara a inimizade deles para com Jesus, de modo a buscarem forçá-Lo a conformar-Se com seus regulamentos.

Jesus trabalhava para aliviar todo caso de sofrimento que via. Pouco dinheiro tinha para dar, mas privava-Se muitas vezes de alimento, a fim de diminuir a necessidade dos que pareciam mais carecidos que Ele. Seus irmãos sentiam que Sua influência ia longe em anular a deles. Era dotado de tato que nenhum deles possuía, nem desejava obter. Quando falavam asperamente aos pobres e degradados, Jesus procurava exatamente aqueles seres, dirigindo-lhes palavras de animação. Aos que estavam em necessidade, oferecia um copo de água fria e punha-lhes no regaço Sua própria refeição. Aliviando-lhes os sofrimentos, as verdades que ensinava eram associadas a esses atos de misericórdia, sendo assim fixadas na memória.

Tudo isso desgostava os irmãos. Sendo mais velhos que Jesus, achavam que Ele devia estar sob sua direção. Acusavam-nO de Se julgar superior a eles, e O reprovavam por Se colocar acima dos mestres, e dos sacerdotes e príncipes do povo. Muitas vezes O ameaçavam e procuravam intimidá-Lo; mas Ele seguia avante, tomando por guia as Escrituras.

Jesus amava Seus irmãos e os tratava com incansável bondade, mas eles tinham-Lhe ciúmes, manifestando a mais decidida incredulidade e desdém. Não Lhe podiam entender o procedimento. Grandes eram as contradições que se manifestavam em Jesus. Filho de Deus, era no entanto impotente criança. Criador dos mundos, a Terra era possessão Sua, e todavia cada passo de Sua existência foi assinalado pela pobreza. Possuía dignidade e individualidade inteiramente isentas de orgulho terreno ou presunção; não lutava por grandeza mundana e achava-se contente até na mais humilde posição. Isso irritava os irmãos. Não podiam explicar Sua constante serenidade sob provação e privações. Não sabiam que, por amor de nós, Se tornara pobre, para que "pela Sua pobreza enriquecêssemos". II Cor. 8:9. Não compreendiam melhor o mistério de Sua missão, do que os amigos de Jó entendiam sua humilhação e sofrimentos. Jesus era malcompreendido dos irmãos, em virtude de não Se assemelhar a eles. Sua norma não era a deles. Olhando aos homens via-os afastados de Deus, sem o poder divino em sua vida. As formas de religião que observavam, não lhes podiam transformar o caráter. Dizimavam a "hortelã, o endro e o cominho", mas omitiam "o mais importante da lei, o juízo, a misericórdia e a fé". Mat. 23:23. O exemplo de Jesus era-lhes contínua irritação. Não aborrecia Ele senão uma coisa no mundo, e isso era o pecado. Não podia testemunhar uma ação injusta, sem uma dor que Lhe não era possível disfarçar. Entre os formalistas, cuja aparência de santidade ocultava o amor do pecado, e um caráter em que o zelo da glória de Deus constituía a suprema preocupação, era flagrante o contraste. Como a vida de Jesus condenasse o mal, encontrava Ele oposição, tanto em casa como fora. Sua abnegação e integridade eram comentadas zombeteiramente. Sua paciência e bondade, classificavam-nas como covardia.

Da amargura que cabe em sorte à humanidade, não houve quinhão que Jesus não provasse. Não faltou quem procurasse lançar sobre Ele desprezo por causa de Seu nascimento, e mesmo na infância teve de enfrentar olhares desdenhosos e ruins murmurações. Houvesse respondido com uma palavra ou olhar impaciente, houvesse cedido aos irmãos em um único ato errado que fosse, e teria fracassado em ser exemplo perfeito. Tivesse admitido haver uma desculpa para o pecado, e Satanás triunfaria, ficando o mundo perdido. Foi por isso que o tentador trabalhou para tornar-Lhe a vida o mais probante possível, a fim de que fosse levado a pecar.

Para cada tentação, porém, tinha uma única resposta: "Está escrito". Raramente censurava qualquer mau procedimento dos irmãos, mas tinha uma palavra de Deus para lhes dirigir. Era freqüentemente acusado de covardia por negar-Se a unir-se-lhes em algum ato proibido; Sua resposta, no entanto, era: Está escrito: "O temor do Senhor é a sabedoria, e o apartar-se do mal é a inteligência". Jó 28:28.

Alguns havia que O buscavam, sentindo-se em paz em Sua presença; muitos, no entanto, O evitavam, pois se sentiam reprovados por Sua vida imaculada. Os jovens companheiros insistiam em que fizesse como eles. Jesus era inteligente e animoso; gostavam de Sua companhia, e aceitavam-Lhe as prontas sugestões; mas impacientavamse com Seus escrúpulos, e declaravam-nO estrito e rígido. Jesus respondia: Está escrito: "Como purificará o mancebo o seu caminho? observando-o conforme a Tua palavra". "Escondi a Tua palavra no meu coração, para eu não pecar contra Ti". Sal. 119:9 e 11.

Perguntavam-Lhe muitas vezes: Por que Te aplicas a ser tão singular, tão diferente de todos nós? Está escrito, dizia Ele: "Bem-aventurados os que trilham caminhos retos, e andam na lei do Senhor. Bem-aventurados os que guardam os Seus testemunhos, e O buscam de todo o coração. E não praticam iniqüidade, mas andam em Seus caminhos". Sal. 119:1-3.

Quando interrogado acerca do motivo por que não tomava parte no frívolos passatempos dos jovens de Nazaré, dizia: Está escrito: "Folgo mais com o caminho dos Teus testemunhos, do que com todas as riquezas. Em Teus preceitos meditarei, e olharei para os Teus caminhos. Recrear-me-ei nos Teus estatutos: não me esquecerei da Tua palavra". Sal. 119:14-16.

Jesus não contendia por Seus direitos. Muitas vezes, por ser voluntário e não Se queixar, Seu trabalho era tornado desnecessariamente penoso. No entanto, não fracassava nem ficava desanimado. Vivia acima dessas dificuldades, como à luz da face de Deus. Não Se vingava, quando rudemente tratado, mas sofria com paciência o insulto.

Repetidamente Lhe era perguntado: Por que Te submetes a tão maligno tratamento, até de Teus irmãos? Está escrito, dizia: "Filho Meu, não te esqueças da Minha lei e o teu coração guarde os Meus mandamentos. Porque eles aumentarão os teus dias, e te acrescentarão anos de vida e paz. Não te desamparem a benignidade e a fidelidade: ata-as ao teu pescoço; escreve-as na tábua do teu coração. E acharás graça e bom entendimento aos olhos de Deus e dos homens". Prov. 3:1-4.

Desde a ocasião em que os pais de Jesus O acharam no templo, Seu modo de agir foi para eles mistério. Ele não entrava em discussão, todavia o exemplo que dava era uma lição constante. Parecia como pessoa separada. Sua felicidade encontrava-se nas horas em que estava a sós com Deus e a Natureza. Sempre que Lhe era concedido esse privilégio, afastava-Se do cenário de Seus labores, e ia para o campo, a meditar nos verdes vales, a entreter comunhão com Deus na encosta da montanha ou entre as árvores da floresta. O alvorecer freqüentemente O encontrava em qualquer lugar retirado, meditando, examinando as

Escrituras, ou em oração. Dessas horas quietas voltava para casa, a fim de retomar Seus deveres e dar exemplos de paciente labor. A vida de Cristo foi assinalada pelo respeito e o amor à Sua mãe. Maria acreditava em seu coração que a santa Criança dela nascida, era o tão longamente prometido Messias; não ousava, entretanto, exprimir essa fé. Foi, através de sua existência terrestre, uma partilhadora dos sofrimentos do Filho. Com dor testemunhava as provações que Lhe sobrevinham na infância e juventude. Por justificar o que sabia ser direito em Seu procedimento, via-se ela própria em posições probantes. Considerava as relações domésticas, e a terna solicitude da mãe em torno dos filhos, de vital importância na formação do caráter. Os filhos e filhas de José sabiam isto e, prevalecendo-se de sua ansiedade, procuravam corrigir as atitudes de Jesus segundo norma deles.

Maria argumentava muitas vezes com Jesus, e insistia em que se conformasse com os usos dos rabis. Ele, porém, não podia ser persuadido a mudar Seus hábitos de contemplar as obras de Deus e buscar aliviar os sofrimentos dos homens ou mesmo dos mudos animais. Quando os sacerdotes e mestres solicitavam o auxílio de Maria em dirigir Jesus, ficava grandemente perturbada; o coração tranqüilizava-se-lhe, porém, quando Ele lhe apresentava as declarações das Escrituras em apoio de Seu proceder.

Por vezes ela vacilava entre Jesus e Seus irmãos, que não criam ser Ele o Enviado de Deus; no entanto, abundantes eram as provas de ser divino o Seu caráter. Ela O via sacrificar-Se pelo bem dos outros. Sua presença criava em casa uma atmosfera mais pura, e Sua vida era como um fermento operando entre os elementos da sociedade. Inocente e incontaminado andava Ele entre os irrefletidos, os rudes, os descorteses; entre os injustos publicanos, os negligentes pródigos, os iníquos samaritanos, os soldados pagãos, os rústicos camponeses e a multidão mista. Dirigia aqui e ali uma palavra de simpatia, ao ver criaturas fatigadas, vergadas ao peso de duras cargas. Partilhava de seus fardos, e revelava-lhes as lições que aprendera da natureza acerca do amor, da benevolência e bondade de Deus.

Ensinava todos a se considerarem dotados de preciosos talentos, os quais, se devidamente empregados, lhes adquiririam riquezas eternas. Extirpava da vida toda vaidade, ensinando também, pelo próprio exemplo, que cada momento de tempo se acha carregado de resultados eternos; que deve ser apreciado como um tesouro, e empregado para fins santos. Não considerava ninguém indigno, mas buscava aplicar a toda alma o remédio salvador. Em qualquer companhia que Se encontrasse, apresentava uma lição adequada ao tempo e às circunstâncias. Buscava inspirar a esperança nos mais ásperos e menos prometedores, dando-lhes a certeza de que se poderiam tornar irrepreensíveis e inocentes, adquirindo caráter que demonstraria serem eles filhos de Deus. Encontrava freqüentemente pessoas que viviam sob o poder de Satanás, e não possuíam forças para romper-lhe as malhas. A essas almas, desanimadas, enfermas, tentadas e caídas, Jesus costumava dirigir palavras da mais terna compaixão, palavras cuja necessidade era sentida, e que podiam ser apreciadas. Outros deparava Ele que se achavam empenhados em renhida luta contra o adversário das almas. A esses animava a perseverar, assegurando-lhes que haviam de vencer; pois tinham a seu lado anjos de Deus, que lhes dariam a vitória. Aqueles a quem assim ajudava convenciam-se de que havia Alguém em quem podiam confiar plenamente. Ele não trairia os segredos que Lhe desafogassem nos compassivos ouvidos.

Jesus era o médico do corpo, da mesma maneira que o era da alma. Interessava-Se em todos os aspectos de sofrimento que se Lhe apresentavam, e proporcionava alívio a todos, havendo em Suas palavras o efeito de um bálsamo suavizador. Ninguém podia dizer que houvesse operado um milagre; mas virtude — o poder curativo do amor — dEle saía para os enfermos e aflitos. Assim, de maneira discreta, trabalhava pelo povo já desde a infância. E foi por isso que, ao começar Seu ministério público, tantos havia que O escutavam alegremente.

Todavia, Jesus atravessou sozinho a infância, a mocidade e os anos varonis. Em Sua pureza e fidelidade, pisou sozinho o lagar, e do povo ninguém havia com Ele. Carregou o tremendo peso da responsabilidade pela salvação dos homens. Sabia que, a menos que houvesse decidida mudança nos princípios e desígnios da raça humana, todos estariam perdidos. Isto era o peso de Sua alma, e ninguém podia avaliar a carga que sobre Ele repousava. Cheio de ardente propósito, realizou o objetivo de Sua vida, a fim de servir de luz aos homens.

8

A Voz do Deserto

Este capítulo está baseado em Lucas 1:5-23, 57-80; 3:1-18; Mateus 3:1-12; Marcos 1:1-8.

Dentre os fiéis de Israel, que desde longo tempo esperavam a vinda do Messias, surgiu o precursor de Cristo. O idoso sacerdote Zacarias e Sua esposa Isabel eram "ambos justos perante Deus"; (Luc. 1:6) e em sua vida tranqüila e santa, brilhava a luz da fé como uma estrela entre as trevas daqueles dias maus. A esse piedoso par foi dada a promessa de um filho, o qual havia de "ir ante a face do Senhor, a preparar os Seus caminhos" Luc. 1:76.

Zacarias habitava nas "montanhas da Judéia", mas fora a Jerusalém, para ministrar por uma semana no templo, serviço requerido duas vezes por ano dos sacerdotes de todas as turmas. "E aconteceu que, exercendo ele o sacerdócio diante de Deus, na ordem de sua turma, segundo o costume sacerdotal, coube-lhe em sorte entrar no templo do Senhor para oferecer incenso" Luc. 1:8 e 9.

Achava-se ele diante do altar de ouro, no lugar santo do santuário. A nuvem de incenso ascendia perante Deus, com as orações de Israel. Súbito, sentiu-se consciente da presença divina. Um anjo do Senhor achava-se "em pé, à direita do altar do incenso" Luc. 1:11. A posição do anjo era uma indicação de favor, mas Zacarias não reparou nisso. Por muitos anos orara pela vinda do Redentor; agora o Céu enviara seu mensageiro para anunciar que essas orações estavam prestes a ser atendidas; a misericórdia de Deus, porém, parecia-lhe demasiadamente grande para ele acreditar. Encheu-se de temor e condenação própria.

Foi, no entanto, saudado com a alegre promessa: "Zacarias, não temas, porque a tua oração foi ouvida, e Isabel, tua mulher, dará à luz um filho, e lhe porás o nome de João; e terás prazer e alegria, e muitos se alegrarão no seu nascimento. Porque será grande diante do Senhor, e não beberá vinho, nem bebida forte, e será cheio do Espírito Santo. . . . E converterá muitos dos filhos de Israel ao Senhor seu Deus. E irá adiante dEle no espírito de Elias, para converter os corações dos pais aos filhos, e os rebeldes à prudência dos justos; com o fim de preparar ao Senhor um povo bem disposto. Disse então Zacarias ao anjo: Como saberei isto? pois já sou velho, e minha mulher avançada em idade." Luc. 1:13-18. Zacarias bem sabia como fora dado a Abraão um filho em sua velhice, porque ele crera fiel Aquele que prometera. Por um momento, porém, o velho sacerdote volvera os pensamentos para a fraqueza da humanidade. Esqueceu-se de que Deus é capaz de cumprir aquilo que promete. Que contraste entre essa incredulidade, e a fé simples e infantil de Maria, a donzela de Nazaré, cuja resposta ao maravilhoso anúncio do anjo, foi: "Eis aqui a serva do Senhor; cumpra-se em mim segundo a tua palavra." Luc. 1:38.

O nascimento de um filho a Zacarias, como o do filho de Abraão, e o de Maria, visava ensinar uma grande verdade espiritual, verdade que somos tardios em aprender e prontos a esquecer. Somos por nós mesmos incapazes de fazer qualquer bem; mas o que não somos capazes de fazer, o poder de Deus há de operar em toda alma submissa e crente. Por meio da fé foi dado o filho da promessa. Mediante a fé é gerada a vida espiritual, e somos habilitados a realizar as obras da justiça.

À pergunta de Zacarias, disse o anjo: "Eu sou Gabriel, que assisto diante de Deus, e fui enviado a falar-te e dar-te estas alegres novas." Luc. 1:19. Quinhentos anos antes, Gabriel dera a conhecer a Daniel o período profético que se devia estender até à vinda de Cristo. O conhecimento de que o fim desse período estava próximo, movera a Zacarias a orar pelo advento do Redentor. Agora, o próprio mensageiro por meio de quem a profecia fora dada, viera anunciar o seu cumprimento.

As palavras do anjo: "Eu sou Gabriel, que assisto diante de Deus", mostram que ocupa posição de elevada honra, nas cortes celestiais. Quando viera com uma mensagem para Daniel, dissera: "Ninguém há que se esforce comigo contra aqueles, a não ser Miguel [Cristo], vosso príncipe." Dan. 10:21. De Gabriel, diz o Salvador em Apocalipse: "Pelo Seu anjo as enviou, e as notificou a João Seu servo." Apoc. 1:1. E a João o anjo declarou: "Eu sou conservo teu e de teus irmãos, os profetas." Apoc. 22:9. Maravilhoso pensamento — que o anjo que ocupa, em honra, o lugar logo abaixo do Filho de Deus, é o escolhido para revelar os desígnios de Deus a homens pecadores.

Zacarias exprimira dúvida quanto às palavras do anjo. Não

falaria outra vez enquanto elas não se cumprissem. "Eis", disse o anjo, "que ficarás mudo, ... até ao dia em que estas coisas aconteçam." Luc. 1:20. Era dever do sacerdote, nesse serviço, orar pelo perdão dos pecados públicos e nacionais, e pela vinda do Messias; quando, porém, Zacarias tentou fazer isso, não podia emitir uma palavra.

Saindo para abençoar o povo, "falava por acenos, e ficou mudo". Haviam-no esperado muito, e começado a temer que houvesse sido ferido pelo juízo de Deus. Mas ao sair do lugar santo, seu rosto resplandecia com a glória de Deus, "e entenderam que tinha visto alguma visão no templo". Zacarias comunicou-lhes o que vira e ouvira; e "terminados os dias de seu ministério, voltou para sua casa". Luc. 1:22 e 23.

Pouco depois do nascimento da prometida criança, a língua do pai se desprendeu, "e falava, louvando a Deus. E veio temor sobre todos os seus vizinhos, e em todas as montanhas da Judéia foram divulgadas todas estas coisas. E todos os que as ouviam as conservavam em seus corações dizendo: Quem será pois esse menino?" Luc. 1:64-66. Tudo isso tendia a chamar a atenção para a vinda do Messias, ao qual João devia preparar o caminho.

O Espírito Santo repousou sobre Zacarias, e ele profetizou, por estas belas palavras, a missão de seu filho:

"E tu, ó menino, serás chamado profeta do Altíssimo,
porque hás de ir ante a face do Senhor,
a preparar os Seus caminhos;
para dar ao Seu povo conhecimento da salvação,
na remissão dos seus pecados;
pelas entranhas da misericórdia do nosso Deus,
com que o Oriente do alto nos visitou;
para alumiar aos que estão assentados em trevas e sombra de morte;
a fim de dirigir os nossos pés pelo caminho da paz." Luc. 1:76-79.

"E o menino crescia, e se robustecia em espírito. E esteve nos desertos até ao dia em que havia de mostrar-se a Israel". Luc. 1:80. Antes do nascimento de João, o anjo dissera: "Será grande diante do Senhor, e não beberá vinho, nem bebida forte, e será cheio do Espírito Santo". Luc. 1:15. Deus chamara o filho de Zacarias para uma grande obra, a maior já confiada a homens. A fim de cumprir essa obra, precisava de que o Senhor com ele cooperasse. E o

Espírito de Deus seria com ele, caso desse ouvidos às instruções do anjo.

João devia ir como mensageiro de Jeová, para levar aos homens a luz de Deus. Devia imprimir-lhes nova direção aos pensamentos. Devia impressioná-los com a santidade dos reclamos divinos, e sua necessidade da perfeita justiça de Deus. Esse mensageiro tem que ser santo. Precisa ser um templo para a presença do Espírito de Deus. A fim de cumprir sua missão, deve ter sã constituição física, bem como resistência mental e espiritual. Era, portanto, necessário que regesse os apetites e paixões. Deveria ser por forma tal capaz de dominar suas faculdades, que pudesse estar entre os homens, tão inabalável ante as circunstâncias ambientes, como as rochas e montanhas do deserto.

Ao tempo de João Batista, a cobiça das riquezas e o amor do luxo e da ostentação se haviam alastrado. Os prazeres sensuais, banquetes e bebidas, estavam causando moléstias e degeneração física, amortecendo as percepções espirituais, e insensibilizando ao pecado. João devia assumir a posição de reformador. Por sua vida abstinente e simplicidade de vestuário, devia constituir uma repreensão para sua época. Daí as instruções dadas aos pais de João — uma lição de temperança dada por um anjo do trono do Céu.

Na infância e mocidade, o caráter é extremamente impressionável. Deve ser adquirido então o domínio próprio. Exercem-se, no círculo de família, ao redor da mesa, influências cujos resultados são duradouros como a eternidade. Acima de quaisquer dotes naturais, os hábitos estabelecidos nos primeiros anos decidem se a pessoa será vitoriosa ou vencida na batalha da vida. A juventude é o tempo da semeadura. Determina o caráter da colheita, para esta vida e para a outra.

Como profeta, João devia "converter os corações dos pais aos filhos, e os rebeldes às prudência dos justos; com o fim de preparar ao Senhor um povo bem disposto". Preparando o caminho para o primeiro advento de Cristo, era representante dos que têm que preparar um povo para a segunda vinda de nosso Senhor. O mundo está entregue à condescendência com as próprias inclinações. Abundam erros e fábulas. Multiplicam-se os ardis de Satanás para destruir as almas. Todos quantos querem aperfeiçoar a santidade no temor de Deus, têm que aprender as lições da temperança e do domínio próprio. Os apetites e paixões devem ser mantidos em sujeição às mais elevadas faculdades do espírito. Esta autodisciplina é essencial àquela resistência mental e visão espiritual que nos habilitarão para compreender e praticar

as sagradas verdades da Palavra de Deus. É por esta razão que a
temperança tem seu lugar na obra de preparação para a segunda vinda
de Cristo.

Segundo a ordem natural, o filho de Zacarias teria sido educado
para o sacerdócio. A educação das escolas dos rabis, no entanto, tê-
lo-ia incapacitado para sua obra. Deus não o mandou aos mestres de
teologia para aprender a interpretar as Escrituras. Chamou-o ao deserto,
a fim de aprender acerca da Natureza, e do Deus da Natureza.

Foi numa região isolada que encontrou seu lar, em meio de
despidas colinas, ásperos barrancos e cavernas das rochas. Preferiu,
porém, renunciar às diversões e luxos da vida pela rigorosa disciplina
do deserto. Ali, o ambiente era propício aos hábitos de simplicidade e
abnegação. Não perturbado pela agitação do mundo, poderia estudar
as lições da Natureza, da revelação e da Providência. As palavras do
anjo a Zacarias haviam sido muitas vezes repetidas a João por seus
piedosos pais. Desde a infância fora-lhe conservada diante dos olhos
a missão a ele confiada e aceitara o sagrado depósito. Para ele, a
solidão do deserto era um convidativo lugar de escape da sociedade
quase geralmente contaminada de suspeita, incredulidade e impureza.
Desconfiava de suas forças para resistir à tentação, e fugia do
constante contato com o pecado, não viesse a perder o sentimento de
sua inexcedível culpabilidade.

Dedicado a Deus como nazireu desde o nascimento, fez por si
mesmo o voto de uma consagração de toda a vida. Vestia-se como os
antigos profetas, duma túnica de pêlo de camelo, presa por um cinto
de couro. Comia "gafanhotos e mel silvestre", achados no deserto, e
bebia a água pura que vinha das montanhas.

A vida de João não era, entretanto, passada em ociosidade,
em ascética tristeza, em isolamento egoísta. Ia de tempos a tempos
misturar-se com os homens; e era sempre observador interessado do
que se passava no mundo. De seu quieto retiro, vigiava o desdobrar dos
acontecimentos. Com a iluminada visão facultada pelo Espírito divino,
estudava o caráter dos homens, a fim de saber como lhes chegar ao
coração com a mensagem do Céu. Pesava sobre ele a responsabilidade
de sua missão. Meditando e orando, na solidão, buscava cingir a alma
para a obra de sua vida.

Se bem que habitando no deserto, não estava livre de tentações.
Cerrava, quanto possível, toda entrada a Satanás; não obstante,
assaltava-o ainda o tentador. Sua percepção espiritual, porém, era

clara; desenvolvera resistência de caráter e decisão e, mediante o auxílio do Espírito Santo, era habilitado a pressentir a aproximação de Satanás, e resistir-lhe ao poder.

João encontrou no deserto sua escola e santuário. Qual Moisés entre as montanhas de Midiã, era circundado da presença de Deus, e das demonstrações de Seu poder. Não teve, como o grande líder de Israel, a sorte de habitar entre a solene majestade da solidão das montanhas; achavam-se, porém, diante dele as alturas de Moabe, além do Jordão, a falar-lhe dAquele que firmara os montes, cingindo-os de fortaleza. O triste e terrível aspecto da Natureza no deserto em que morava, pintava vivamente o estado de Israel. A frutífera vinha do Senhor, tornara-se em desolada ruína. Sobre o deserto, no entanto, curvava-se o céu luminoso e belo. As nuvens que se acumulavam, com o negror da tempestade, eram aureoladas pelo arco-íris da promessa. Assim, por sobre a degradação de Israel, brilhava a prometida glória do reino do Messias. As nuvens da ira eram emparelhadas pelo arco-íris do Seu misericordioso concerto.

Sozinho, no silêncio da noite, lia a promessa feita por Deus a Abraão, de uma semente tão inumerável como as estrelas. A luz da aurora, dourando as montanhas de Moabe, falava-lhe dAquele que havia de ser "como a luz da manhã quando sai o Sol, da manhã sem nuvens". II Sam. 23:4. E no brilho do meio-dia via o esplendor de Sua revelação, quando "a glória do Senhor" se manifestar, "e toda carne juntamente" a vir. Isa. 40:5.

Num misto de respeito e regozijo, examinava nos rolos dos profetas as revelações da vinda do Messias — a semente prometida que haveria de esmagar a cabeça da serpente; Siló, "o doador da paz", que deveria aparecer antes de um rei deixar de reinar sobre o trono de Davi. Agora chegara o tempo. No palácio do monte de Sião senta-se um governador romano. Segundo a firme palavra do Senhor, o Cristo já nascera.

As arrebatadas descrições da glória do Redentor por Isaías, eram dia e noite objeto de estudo de sua parte — o Rebento do tronco de Jessé; um Rei que reinará em justiça, julgando "com eqüidade os mansos da Terra" (Isa 11:4); "um refúgio contra a tempestade, . . . a sombra de uma grande rocha em terra sedenta" (Isa. 32:2); Israel não mais sendo chamado "Desamparada", nem sua terra "Assolada", mas chamado pelo Senhor "o Meu Prazer", e Sua terra "Desposada". Isa. 62:4. O coração do solitário exilado enchia-se de gloriosa visão.

Contemplou o Rei em Sua beleza, e o próprio eu foi esquecido. Via a majestade da santidade, e sentiu-se ineficiente e indigno. Estava disposto a ir como mensageiro do Céu, não atemorizado pelo humano, pois contemplara o Divino. Podia ficar ereto e destemido em presença de governantes terrestres, porque se prostrara diante do Rei dos reis. João não compreendia plenamente a natureza do reino do Messias. Esperava que Israel fosse libertado de seus inimigos nacionais; mas a vinda de um Rei em justiça, e o estabelecimento de Israel como nação santa, era o grande objetivo de sua esperança. Assim acreditava se viesse a cumprir a profecia dada em seu nascimento.

"Para . . . lembrar-Se do Seu santo concerto, . . .
Que, libertados da mão de nossos inimigos,
O serviríamos sem temor,
Em santidade e justiça perante Ele,
todos os dias de nossa vida".

Via seu povo enganado, satisfeito consigo mesmo e adormecido em pecados. Anelava despertá-los para vida mais santa. A mensagem que Deus lhe dera, destinava-se a acordá-los da letargia, e fazê-los tremer por sua grande iniqüidade. Antes de a semente do evangelho poder encontrar guarida, o solo do coração deveria ser revolvido. Antes de lhes ser possível buscar cura em Jesus, precisavam ser despertados para o perigo que corriam em razão das feridas do pecado.

Deus não manda mensageiros para lisonjear o pecador. Não transmite mensagem de paz para embalar os não santificados numa segurança fatal. Depõe pesados fardos sobre a consciência do malfeitor, e penetra a alma com as setas da convicção. Os anjos ministradores apresentam-lhe os terríveis juízos de Deus para aprofundar o sentimento da necessidade, e instigar ao brado: "Que devo fazer para me salvar?" Então a mão que humilhou até o pó, ergue o penitente. A voz que repreendeu o pecado, e expôs à vergonha o orgulho e a ambição, indaga com a mais terna simpatia: "Que queres que te faça?"

Ao começar o ministério do Batista, a nação achava-se em estado de despertamento e descontentamento próximos da revolta. Com a remoção de Arquelau, a Judéia fora posta sob o domínio de Roma. A tirania e extorsão dos governadores romanos, e seus decididos esforços para introduzir símbolos e costumes gentílicos, atearam a revolta, extinta com sangue de milhares dos mais valorosos de Israel.

Tudo isso intensificara o ódio nacional contra Roma, e aumentara os anseios de libertação de seu poder.

Entre a discórdia e o conflito, ouviu-se uma voz do deserto, voz vibrante e severa, sim, mas plena de esperança: "Arrependei-vos, porque é chegado o reino dos Céus". Com novo e estranho poder sacudia o povo. Os profetas haviam predito a vinda de Cristo como um acontecimento que se achava em futuro muito distante, mas eis ali o aviso de que estava às portas. O singular aspecto de João fazia a mente dos ouvintes reportar-se aos antigos videntes. Nas maneiras e no vestuário, assemelhava-se ao profeta Elias. Com o espírito e poder deste, denunciava a corrupção nacional, e repreendia os pecados dominantes. Suas palavras eram claras, incisivas, convincentes. Muitos acreditavam que fosse um dos profetas ressuscitado. Toda a nação se comoveu. Multidões afluíam ao deserto.

João proclamava a vinda do Messias, e chamava o povo ao arrependimento. Como símbolo da purificação do pecado, batizava-os nas águas do Jordão. Assim, por uma significativa lição prática, declarava que os que pretendiam ser o povo escolhido de Deus estavam contaminados pelo pecado, e sem purificação de coração e vida, não poderiam ter parte no reino do Messias.

Príncipes e rabis, soldados, publicanos e camponeses iam ouvir o profeta. Alarmou-os por algum tempo a solene advertência de Deus. Muitos foram levados ao arrependimento, e receberam o batismo. Pessoas de todas as categorias submeteram-se às exigências do Batista, a fim de participar do reino que anunciava.

Muitos dos escribas e fariseus foram ter com ele, confessando os pecados e pedindo o batismo. Haviam-se exaltado como sendo melhores que os outros homens, levando o povo a ter alta opinião acerca de sua piedade; agora, os criminosos segredos de sua vida eram revelados. Mas João foi impressionado pelo Espírito Santo quando a não terem, muitos desses homens, real convicção do pecado. Eram oportunistas. Esperavam, como amigos do profeta, obter favor diante do Príncipe que haveria de vir. E, recebendo o batismo das mãos desse popular e jovem mestre, pensava fortalecer sua influência para com o povo.

João os enfrentou com a fulminante pergunta: "Raça de víboras, quem vos ensinou a fugir da ira futura? Produzi pois frutos dignos de arrependimento; e não presumais de vós mesmos, dizendo: Temos por pai a Abraão; porque eu vos digo que mesmo destas pedras Deus pode suscitar filhos a Abraão" (Mat. 3:7-9).

Os judeus haviam compreendido mal a promessa de Deus, de dispensar para sempre Seu favor a Israel: "Assim diz o Senhor, que dá o Sol para luz do dia, e as ordenanças da Lua e das estrelas para luz da noite, que fende o mar, e faz bramir as suas ondas; o Senhor dos Exércitos é o Seu nome. Se se desviarem essas ordenanças de diante de Mim, diz o Senhor, deixará também a semente de Israel de ser uma nação diante de Mim para sempre. Assim disse o Senhor: Se puderem ser medidos os céus para cima, e sondados os fundamentos da Terra para baixo, também Eu rejeitarei toda a semente de Israel por tudo quanto fizeram, diz o Senhor". Jer. 31:35-37. Os judeus olhavam a sua descendência natural de Abraão, como lhes dando direito a esta promessa. Deixavam de atender, porém, às condições que Deus estipulara. Antes de dar a promessa dissera: "Porei a Minha lei no seu interior, e a escreverei no seu coração, e Eu serei o seu Deus e eles serão o Meu povo. . . . Porque lhes perdoarei a sua maldade, e nunca mais Me lembrarei dos seus pecados". Jer. 31:33 e 34.

A um povo em cujo coração Sua lei está escrita, é assegurado o favor de Deus. São um com Deus. Mas os judeus se haviam dEle separado. Em razão de seus pecados, estavam sofrendo sob Seus juízos. Era essa a causa de estarem escravizados a uma nação pagã. O espírito deles estava obscurecido pela transgressão, e por lhes haver o Senhor em tempos anteriores mostrado tão grande favor, desculpavam seus pecados. Lisonjeavam-se de ser melhores que os outros homens, e merecedores de Suas bênçãos.

Estas coisas "estão escritas para aviso nosso, para quem já são chegados os fins dos séculos". I Cor. 10:11. Quantas vezes interpretamos mal as bênçãos de Deus, e nos lisonjeamos de ser favorecidos em virtude de alguma bondade que haja em nós! Deus não pode fazer por nós aquilo que almeja. Seus dons, empregamo-los para nos aumentar a satisfação pessoal, e nos endurecer o coração em incredulidade e pecado.

João declarava aos mestres de Israel que seu orgulho, egoísmo e crueldade demonstravam serem eles uma raça de víboras, uma terrível maldição para o povo, em vez de filhos do justo e obediente Abraão. Em vista da luz que haviam recebido de Deus, eram ainda piores que os gentios, a quem se sentiam tão superiores. Haviam-se esquecido da rocha de onde foram cortados, e da caverna do poço de onde foram cavados. Deus não dependia deles para cumprimento de Seu desígnio. Como chamara a Abraão dentre um povo gentio, assim poderia chamar outros a Seu serviço. O coração destes poderia parecer agora tão morto como as pedras do deserto, mas o Espírito de Deus o poderia vivificar para fazer Sua vontade, e receber o cumprimento da promessa.

"E também", disse o profeta, "já está posto o machado à raiz das árvores; toda a árvore, pois que não dá bom fruto, corta-se e lança-se no fogo". Mat. 3:10. Não por seu nome, mas por seus frutos, é determinado o valor de uma árvore. Se o fruto é sem valor, o nome não pode salvar a árvore da destruição. João declarou aos judeus que sua aceitação diante de Deus era decidida por seu caráter e vida. A declaração de nada valia. Se sua vida e caráter não estivessem em harmonia com a lei de Deus, não eram seu povo.

Sob a influência das penetrantes palavras de João, os ouvintes sentiam-se convictos. Chegavam-se a ele com a interrogação: "Que faremos pois?" Ele respondia: "Quem tiver duas túnicas, reparta com o que não tem, e quem tiver alimentos, faça da mesma maneira". Luc. 3:10 e 11. E advertia os publicanos contra a injustiça, e os soldados contra a violência.

Todos quantos se houvessem de tornar súditos do reino de Cristo, tinham que dar demonstrações de fé e arrependimento. Bondade, honestidade e fidelidade se manifestariam na vida dessas pessoas. Ajudariam os necessitados, e levariam a Deus suas ofertas. Defenderiam os desamparados, dando exemplo de virtude e compaixão. Assim os seguidores de Cristo darão provas do poder transformador do Espírito Santo. Revelar-se-ão na vida diária justiça, misericórdia e amor de Deus. Do contrário, são como palha, que se lança ao fogo.

"Eu, em verdade, vos batizo com água, para o arrependimento", disse João, "mas Aquele que vem após mim é mais poderoso do que eu; cujas alparcas não sou digno de levar; Ele vos batizará com o Espírito Santo e com fogo". Mat. 3:11. O profeta Isaías declarara que o Senhor purificaria o Seu povo de suas iniqüidades "com o espírito de justiça, e com o espírito de ardor" Isa. 4:4. As palavras do Senhor a Israel, eram: "E porei contra ti a Minha mão, e purificarei inteiramente as tuas escórias; e tirar-te-ei toda a impureza." Isa. 1:25. Para o pecado, onde quer que se encontre, "nosso Deus é um fogo consumidor". Heb. 12:29. O Espírito de Deus consumirá pecado em todos quantos se submeterem a Seu poder. Se os homens, porém, se apegarem ao pecado, ficarão com ele identificados. Então a glória de Deus, que destrói o pecado, tem que destruí-los. Depois de sua noite de luta com o anjo, Jacó exclamou: "Tenho visto a Deus face a face e a minha alma foi salva". Gên. 32:30. Jacó fora culpado de um grande pecado em sua conduta para com Esaú; mas arrependera-se. Sua transgressão fora perdoada, e seu pecado purificado; podia, portanto, suportar a revelação da presença de Deus. Mas sempre que os homens chegaram à presença dEle, enquanto voluntariamente nutrindo o mal, foram destruídos. Por ocasião do segundo advento de Cristo, os ímpios hão de ser consumidos "pelo assopro da Sua boca", e aniquilados "pelo resplendor da Sua vinda". II Tess. 2:8. A luz da glória de Deus, que comunica vida aos justos, matará os ímpios.

No tempo de João Batista, Cristo estava prestes a Se manifestar como o revelador do caráter de Deus. Sua própria presença tornaria aos homens manifesto o seu pecado. Somente em virtude da boa vontade da parte deles para serem purificados do pecado, podiam entrar em comunhão com Jesus. Só os puros de coração podiam permanecer em Sua presença.

Assim declarava o Batista a mensagem de Deus a Israel. Muitos deram ouvidos a suas instruções. Muitos sacrificaram tudo, a fim de obedecer. Multidões seguiam a esse novo mestre de um lugar para outro, e não poucos nutriam a esperança de que fosse o Messias. Mas, vendo João o povo voltar-se para ele, buscava todas as oportunidades de encaminhar-lhes a fé para Aquele que haveria de vir.

9

O Batismo

Este capítulo está baseado em Mateus 3:13-17; Marcos 1:9-11; Lucas 3:21, 22.

P or toda a Galiléia se espalharam as novas do profeta do deserto, e de sua maravilhosa mensagem. Esta chegou até aos camponeses das mais remotas cidades da montanha e aos pescadores da praia, encontrando, nesses corações simples e sinceros, a mais genuína aceitação. Em Nazaré repercutiu na oficina de carpintaria que fora de José, e houve Alguém que reconhecesse o chamado. Seu tempo chegara. Afastando-Se de Seu diário labor, despediu-Se de Sua mãe, e seguiu os passos dos compatriotas que afluíam em multidões ao Jordão.

Jesus e João Batista eram primos, e intimamente relacionados pelas circunstâncias de Seu nascimento; todavia, não haviam tido nenhuma comunicação direta um com o outro. A vida de Jesus fora passada em Nazaré, na Galiléia; a de João, no deserto da Judéia. Em ambiente grandemente diverso, tinham vivido separados, e não se haviam comunicado entre si. A Providência assim o determinara. Não se devia dar lugar à acusação de haverem conspirado para apoiarem mutuamente suas pretensões.

João tinha conhecimento dos fatos que haviam assinalado o nascimento de Jesus. Ouvira falar da visita que, em Sua infância, fizera a Jerusalém, e do que se passara na escola dos rabinos. Sabia da existência sem pecado que vivera, e cria ser Ele o Messias; mas não tinha disso positiva certeza. O fato de haver Jesus permanecido tantos anos em obscuridade, não dando especial indício de Sua missão, deu lugar a dúvidas quanto a ser na verdade o Prometido. O Batista, no entanto, esperava com fé confiante, acreditando que, ao tempo designado pelo próprio Deus, tudo se haveria de esclarecer. Fora-lhe revelado que o Messias procuraria de suas mãos o batismo, e seria então dado um sinal de Seu caráter divino. Assim seria habilitado para apresentá-Lo ao povo.

Quando Jesus foi para ser batizado, João nEle reconheceu pureza de caráter que nunca divisara em homem algum. A própria atmosfera de Sua presença era santa e inspirava respeito. Entre as multidões que se haviam congregado em torno dele no Jordão, ouvira João negras histórias de crime, e encontrara almas curvadas ao fardo de milhares de pecados; nunca, entretanto, estivera em contato com um ser humano de quem brotasse tão divina influência. Tudo isso estava em harmonia com o que lhe fora revelado acerca do Messias. No entanto, esquivou-se a fazer o pedido de Jesus. Como poderia ele, pecador, batizar o Inocente? E por que haveria Aquele que não necessitava de arrependimento, de submeter-Se a um rito que era uma confissão de culpa a ser lavada?

Ao pedir Jesus, o batismo, João recusou, exclamando: "Eu careço de ser batizado por Ti, e vens Tu a mim?" Com firme, se bem que branda autoridade, Jesus respondeu: "Deixa por agora, porque assim nos convém cumprir toda a justiça". E João, cedendo, desceu com o Salvador ao Jordão, sepultando-O nas águas. "E logo que saiu da água" Jesus "viu os céus abertos, e o Espírito, que como pomba descia sobre Ele" Mat. 3:14 e 15.

Jesus não recebeu o batismo como confissão de pecado de Sua própria parte. Identificou-Se com os pecadores, dando os passos que nos cumpre dar. A vida de sofrimento e paciente perseverança que viveu depois do batismo, foi também um exemplo para nós.

Ao sair da água, Jesus Se inclinou em oração à margem do rio. Nova e importante fase abria-se diante dEle. Entrava agora, em mais amplo círculo, no conflito de Sua vida. Conquanto fosse o Príncipe da Paz, Sua vida devia ser como o desembainhar de uma espada. O reino que viera estabelecer, era oposto daquilo que os judeus desejavam. Aquele que era o fundamento do ritual e da organização de Israel, seria considerado seu inimigo e destruidor. Aquele que proclamara a lei sobre o Sinai, seria condenado como transgressor. O que viera derribar o poder de Satanás, seria acusado como Belzebu. Ninguém na Terra O compreendera, e ainda em Seu ministério devia andar sozinho. Durante Sua existência, nem a mãe nem os irmãos Lhe tinham compreendido a missão. Os próprios discípulos não O entendiam. Habitara na eterna luz, sendo um com Deus, mas Sua vida na Terra devia ser vivida em solidão.

Como um conosco, cumpria-Lhe suportar o fardo de nossa culpa e aflição. O Inocente devia sentir a vergonha do pecado. O Amigo da paz tinha que habitar entre a luta, a verdade com a mentira, a pureza com a vileza. Todo pecado, toda discórdia, toda contaminadora concupiscência trazida pela transgressão, Lhe era uma tortura para o espírito.

Sozinho devia trilhar a vereda; sozinho carregaria o fardo. Sobre Aquele que abrira mão de Sua glória, e aceitara a fraqueza da humanidade, devia repousar a redenção do mundo. Viu e sentiu tudo isso; firme, porém, permaneceu o Seu desígnio. De Seu braço dependia a salvação da raça caída, e Ele estendeu a mão para agarrar a do Onipotente Amor.

O olhar do Salvador parece penetrar o Céu, ao derramar a alma em oração. Bem sabe como o pecado endureceu o coração dos homens, e como lhes será difícil discernir Sua missão, e aceitar o dom da salvação eterna. Suplica ao Pai poder para vencer a incredulidade deles, quebrar as cadeias com que Satanás os escravizou, a derrotar, em seu benefício, o destruidor. Pede o testemunho de que Deus aceite a humanidade na pessoa de Seu Filho.

Nunca dantes haviam os anjos ouvido tal oração. Anseiam trazer a Seu amado Capitão uma mensagem de certeza e conforto. Mas não; o próprio Pai responderá à petição do Filho. Diretamente do trono são enviados os raios de Sua glória. Abrem-se os céus, e sobre a cabeça do Salvador desce a forma de uma pomba da mais pura luz — fiel emblema dEle, o Manso e Humilde.

Dentre a multidão à beira do Jordão, poucos, além do Batista, divisaram essa visão celeste. Entretanto, a solenidade da divina presença repousou sobre a assembléia. O povo ficou silencioso, a contemplar a Cristo. Seu vulto achava-se banhado pela luz que circunda sem cessar o trono de Deus. Seu rosto erguido estava glorificado como nunca dantes tinham visto um rosto de homem. Dos céus abertos, ouviu-se uma voz, dizendo: "Este é o Meu Filho amado, em quem Me comprazo". Mat. 3:17.

Estas palavras de confirmação foram proferidas para inspirar a fé naqueles que testemunhavam a cena, e fortalecer o Salvador para Sua missão. Não obstante os pecados de um mundo criminoso serem postos sobre Cristo, não obstante a humilhação de tomar sobre Si nossa natureza decaída, a voz declarou ser Ele o Filho do Eterno.

João ficara profundamente comovido ao ver Jesus curvado como suplicante, rogando com lágrimas a aprovação do Pai. Ao ser Ele envolto na glória de Deus, e ouvir-se a voz do Céu, reconheceu o Batista o sinal que lhe fora prometido por Deus. Sabia ter batizado o Redentor do mundo. O Espírito Santo repousou sobre ele, e, estendendo a mão, apontou para Jesus e exclamou: "Eis o Cordeiro de Deus, que tira o pecado do mundo" João 1:29.

Ninguém, dentre os ouvintes, nem mesmo o que as proferira, discerniu a importância dessas palavras: "O Cordeiro de Deus". Sobre o monte Moriá, ouvira Abraão a pergunta do filho: "Meu pai! onde está o cordeiro para o holocausto?" O pai respondera: "Deus proverá para Si o cordeiro para o holocausto, meu filho". Gên. 22:7 e 8. E no cordeiro divinamente provido em lugar de Isaque, Abraão viu um símbolo dAquele que havia de morrer pelos pecados dos homens. Por intermédio de Isaías, o Espírito Santo, servindo-Se dessa ilustração, profetizou do Salvador: "Como um cordeiro foi levado ao matadouro", "o Senhor fez cair sobre Ele a iniqüidade de nós todos" (Isa. 53:7 e 6); mas o povo de Israel não compreendera a lição. Muitos deles consideravam as ofertas sacrificais muito semelhantes à maneira por que os gentios olhavam a seus sacrifícios — como dádivas pelas quais tornavam propícia a Divindade. Deus desejava ensinar-lhes que de Seu próprio amor provinha a dádiva que os reconciliava com Ele.

E as palavras dirigidas a Jesus no Jordão: "Este é o Meu Filho amado, em quem Me comprazo", abrangem a humanidade. Deus falou a Jesus como nosso representante. Com todos os nossos pecados e fraquezas, não somos rejeitados como indignos. Deus "nos fez agradáveis a Si no Amado". Efés. 1:6. A glória que repousou sobre Cristo é um penhor do amor de Deus para conosco. Indica-nos o poder da oração — como a voz humana pode chegar aos ouvidos de Deus, e nossas petições podem achar aceitação nas cortes celestiais. Em razão do pecado, a Terra foi separada do Céu e alienada de sua comunhão; mas Jesus a ligou novamente com a esfera da glória. Seu amor circundou o homem e atingiu o mais alto Céu. A luz que se projetou das portas abertas sobre a cabeça de nosso Salvador, incidirá sobre nós ao pedirmos auxílio para resistir à tentação. A voz que falou a Cristo, diz a toda alma crente: "Este é Meu Filho amado, em quem Me comprazo".

"Amados, agora somos filhos de Deus, e ainda não é manifestado o que havemos de ser. Mas sabemos que, quando Ele Se manifestar, seremos semelhantes a Ele". I João 3:2. Nosso Redentor abriu o caminho, de maneira que o mais pecador, necessitado, opresso e desprezado pode achar acesso ao Pai. Todos podem ter um lar nas mansões que Jesus foi preparar. "Isto diz o que é santo, o que é verdadeiro, o que tem a chave de Davi; o que abre e ninguém fecha; e fecha e ninguém abre; . . . eis que diante de ti tenho posto uma porta aberta, e ninguém a pode fechar". Apoc. 3:7 e 8.

10

A Tentação

Este capítulo está baseado em Mateus 4:1-11; Marcos 1:12, 13; Lucas 4:1-13.

E Jesus, cheio do Espírito Santo, voltou do Jordão e foi levado pelo Espírito ao deserto". Luc. 4:1. As palavras de Marcos são ainda mais significativas. Diz ele: "E logo o Espírito O impeliu para o deserto. E ali esteve no deserto quarenta dias, tentado por Satanás. E vivia entre as feras". Mar. 1:12 e 13. "E naqueles dias não comeu coisa alguma". Luc. 4:2.

Quando Jesus foi levado ao deserto para ser tentado, foi levado pelo Espírito de Deus. Não convidou a tentação. Foi para o deserto para estar sozinho, a fim de considerar Sua missão e obra. Por jejum e oração Se devia fortalecer para a sangrenta vereda que Lhe cumpria trilhar. Mas Satanás sabia que Jesus fora para o deserto, e julgou ser essa a melhor ocasião de se Lhe aproximar.

Momentosos eram, para o mundo, os resultados em jogo no conflito entre o Príncipe da Luz e o líder do reino das trevas. Depois de tentar o homem a pecar, Satanás reclamou a Terra como sua, e intitulou-se príncipe deste mundo. Havendo levado os pais de nossa raça à semelhança com sua própria natureza, julgou estabelecer aqui seu império. Declarou que os homens o haviam escolhido como seu soberano. Através de seu domínio sobre os homens, adquiriu império sobre o mundo. Cristo viera para desmentir a pretensão de Satanás. Como Filho do homem, o Salvador permaneceria leal a Deus. Assim se provaria que Satanás não havia adquirido inteiro domínio sobre a raça humana, e que sua pretensão ao mundo era falsa. Todos quantos desejassem libertação de seu poder, seriam postos em liberdade. O domínio perdido por Adão em conseqüência do pecado, seria restaurado.

Desde a declaração feita à serpente no Éden: "Porei inimizade entre ti e a mulher, e entre a sua semente e a tua semente" (Gên. 3:15), Satanás ficara sabendo que não manteria absoluto controle do mundo. Manifestava-se nos homens a operação de um poder que contrabalançaria seu domínio. Fundamente interessado, observava ele os sacrifícios oferecidos por Adão e seus filhos. Discernia nessas cerimônias um símbolo de comunhão entre a Terra e o Céu. Aplicou-se a interceptar essa comunhão. Desfigurou a Deus, e deu falsa interpretação aos ritos que apontavam ao Salvador. Os homens foram levados a temer a Deus como um Ser que Se deleitasse na destruição deles. Os sacrifícios que deveriam haver revelado Seu amor, eram oferecidos apenas para Lhe acalmar a ira. Satanás despertava as más paixões dos homens, a fim de firmar sobre eles o poder. Quando foi dada a Palavra escrita de Deus, Satanás estudou as profecias concernentes ao advento do Salvador. De geração a geração operou no intuito de cegar o povo para essas profecias, de modo a rejeitarem a Cristo em Sua vinda.

Por ocasião do nascimento de Jesus, Satanás compreendeu que viera Alguém, divinamente comissionado, para lhe disputar o domínio. Tremeu, ante a mensagem dos anjos que atestava a autoridade do recém-nascido Rei. Satanás bem sabia a posição ocupada por Cristo no Céu, como o Amado do Pai. Que o Filho de Deus viesse à Terra como homem, encheu-o de assombro e apreensão. Não podia penetrar o mistério desse grande sacrifício. Sua alma egoísta não compreendia tal amor pela iludida raça. A glória e a paz do Céu, e a alegria da comunhão com Deus, não eram senão fracamente percebidas pelos homens; mas bem as conhecia Lúcifer, o querubim cobridor. Desde que perdera o Céu, estava decidido a vingar-se levando outros a partilhar de sua queda. Isso faria ele induzindo-os a desvalorizar as coisas celestiais, e a pôr o coração nas terrestres.

Não sem obstáculos, devia o Comandante celestial conquistar a humanidade para Seu reino. Desde criancinha, em Belém foi continuamente assaltado pelo maligno. A imagem de Deus era manifesta em Cristo, e, nos conselhos de Satanás, se decidiu que fosse vencido. Não viera ainda ao mundo algum ser humano que escapasse ao poder do enganador. Foram-Lhe soltas no encalço as forças da confederação do mal, empenhando-se contra Ele, no intuito de, se possível, vencê-Lo.

Quando do batismo de Cristo, Satanás achava-se entre os espectadores. Viu a glória do Pai cobrir o Filho. Ouviu a voz de Jeová testificando da divindade de Jesus. Desde o pecado de Adão, estivera a raça humana cortada da direta comunhão com Deus; a comunicação entre o Céu e a Terra fizera-se por meio de Cristo; mas agora, que Jesus viera "em semelhança da carne do pecado" (Rom. 8:3), o próprio Pai falou. Dantes, comunicara-Se com a humanidade *por intermédio de Cristo*; fazia-o agora *em* Cristo. Satanás esperara que, devido ao aborrecimento de Deus pelo pecado, se daria eterna separação entre o Céu e a Terra. Era, no entanto, agora manifesto que a ligação entre Deus e o homem fora restaurada. Satanás viu que, ou venceria, ou seria vencido. Os resultados do conflito envolviam demasiado para ser ele confiado aos anjos confederados. Ele próprio devia dirigir em pessoa o conflito. Todas as forças da apostasia se puseram a postos contra o Filho de Deus. Cristo Se tornou o alvo de todas as armas do inferno.

Muitos há que não consideram esse conflito entre Cristo e Satanás como tendo relação especial com sua própria vida; pouco interesse tem para eles. Mas, essa luta repete-se nos domínios de cada coração. Ninguém abandona jamais as fileiras do mal para o serviço de Deus, sem enfrentar os assaltos de Satanás. As sedutoras sugestões a que Cristo resistiu, foram as mesmas que tão difícil achamos vencer. A pressão que exerciam sobre Ele era tanto maior, quanto Seu caráter era superior ao nosso. Com o terrível peso dos pecados do mundo sobre Si, Cristo suportou a prova quanto ao apetite, o amor do mundo e da ostentação, que induz à presunção. Foram essas as tentações que derrotaram Adão e Eva, e tão prontamente nos vencem a nós.

Satanás apontara o pecado de Adão como prova de que a lei de Deus era injusta, e não podia ser obedecida. Cristo devia redimir, em nossa humanidade, a falha de Adão. Quando este fora vencido pelo tentador, entretanto, não tinha sobre si nenhum dos efeitos do pecado. Encontrava-se na pujança da perfeita varonilidade, possuindo o pleno vigor da mente e do corpo. Achava-se circundado das glórias do Éden, e em comunicação diária com seres celestiais. Não assim quanto a Jesus, quando penetrou no deserto para medir-Se com Satanás. Por quatro mil anos estivera a raça a decrescer em forças físicas, vigor mental e moral; e Cristo tomou sobre Si as fraquezas da humanidade degenerada. Unicamente assim podia salvar o homem das profundezas de sua degradação.

Pretendem muitos que era impossível Cristo ser vencido pela tentação. Neste caso, não teria sido colocado na posição de Adão; não poderia haver obtido a vitória que aquele deixara de ganhar. Se tivéssemos, em certo sentido, um mais probante conflito do que teve

A **Tentação**   71

Cristo, então Ele não estaria habilitado para nos socorrer. Mas nosso Salvador Se revestiu da humanidade com todas as contingências da mesma. Tomou a natureza do homem com a possibilidade de ceder à tentação. Não temos que suportar coisa nenhuma que Ele não tenha sofrido.

Para Cristo, como para o santo par no Éden, foi o apetite o terreno da primeira grande tentação. Exatamente onde começara a ruína, deveria começar a obra de nossa redenção. Como, pela condescendência com o apetite, caíra Adão, assim, pela negação do mesmo, devia Cristo vencer. "E, tendo jejuado quarenta dias e quarenta noites, depois teve fome; e, chegando-se a Ele o tentador, disse: Se Tu és o Filho de Deus, manda que estas pedras se tornem pães. Ele, porém, respondendo, disse: Está escrito: Nem só de pão viverá o homem, mas de toda a palavra que sai da boca de Deus". Mat. 4:2-4.

Do tempo de Adão ao de Cristo, a condescendência própria havia aumentado o poder dos apetites e paixões, tendo eles domínio quase ilimitado. Os homens se haviam aviltado e ficado doentes, sendo-lhes, de si mesmos, impossível vencer. Cristo venceu em favor do homem, pela resistência à severíssima prova. Exercitou, por amor de nós, um autodomínio mais forte que a fome e a morte. E nessa vitória estavam envolvidos outros resultados que entram em todos os nossos conflitos com o poder das trevas.

Quando Jesus chegou ao deserto, estava rodeado da glória do Pai. Absorto em comunhão com Deus, foi erguido acima da fraqueza humana. Mas a glória afastou-se, e Ele foi deixado a lutar com a tentação. Ela O apertava a todo instante. Sua natureza humana recuava do conflito que O aguardava. Durante quarenta dias, jejuou e orou. Fraco e emagrecido pela fome, macilento e extenuado pela angústia mental, "o Seu parecer estava tão desfigurado, mais do que o de outro qualquer, e a Sua figura mais do que a dos outros filhos dos homens". Isa. 52:14. Era então a oportunidade de Satanás. Julgou poder agora vencer a Cristo.

Eis que foi ter com o Salvador, como em resposta a Suas orações, disfarçado num anjo do Céu. Pretendia ter uma missão de Deus, declarar que o jejum de Cristo chegara ao termo. Como Deus enviara um anjo para deter a mão de Abraão de oferecer Isaque, assim, satisfeito com a prontidão de Cristo para entrar na sangrenta vereda, o Pai mandara um anjo para O libertar; era essa a mensagem trazida a Jesus. O Salvador desfalecia de fome, ambicionava o alimento, quando Satanás O assaltou de repente. Apontando para as pedras que juncavam o deserto, e tinham a aparência de pães, disse o tentador: "Se Tu és o Filho de Deus, manda que estas pedras se tornem em pães." Mat. 4:3.

Conquanto aparecesse como um anjo de luz, essas primeiras palavras traíam-lhe o caráter. "Se Tu és o Filho de Deus". Aí está a insinuação de desconfiança. Desse Jesus ouvidos à sugestão de Satanás, e seria isso uma aceitação da dúvida. O tentador planeja vencer a Cristo pelo mesmo processo tão bem-sucedido quanto à raça humana ao princípio. Com que astúcia se aproximara Satanás de Eva no Éden! "É assim que Deus disse: Não comereis de toda a árvore do jardim?" Gên. 3:1. Até aí eram verdadeiras as palavras do tentador; na maneira de as proferir, porém, havia disfarçado desprezo pelas palavras de Deus. Havia encoberta negação, uma dúvida da veracidade divina. Satanás procurara infundir no espírito de Eva a idéia de que Deus não faria aquilo que dissera; que a retenção de tão belo fruto era uma contradição de Seu amor e compaixão para com o homem. Da mesma maneira procura agora o tentador inspirar a Cristo seus próprios sentimentos. "Se Tu és o Filho de Deus." As palavras traduzem a mordacidade de seu espírito. Há no tom de sua voz uma expressão de completa incredulidade. Trataria Deus assim a Seu Filho? Deixá-Lo-ia no deserto com as feras, sem alimento, sem companheiros, sem conforto? Insinua que Deus nunca intentaria que Seu Filho Se achasse em tal condição. "Se Tu és o Filho de Deus", mostra Teu poder, mitigando a fome que Te oprime. Manda que esta pedra se torne em pão.

As palavras do Céu: "Este é Meu Filho amado, em quem Me comprazo" (Mat. 3:17), soavam ainda aos ouvidos de Satanás. Mas ele estava decidido a fazer Cristo descrer desse testemunho. A Palavra de Deus era a segurança de Cristo quanto à divindade de Sua missão. Viera viver como homem entre os homens, e era a palavra que declarava Sua ligação com o Céu. Era o desígnio de Satanás fazê-Lo duvidar dessa palavra. Se a confiança de Cristo em Deus fosse abalada, Satanás sabia que lhe caberia a vitória no conflito. Poderia derrotar Jesus. Esperava que, sob o império do acabrunhamento e de extrema fome, Cristo perdesse a fé em Seu Pai, e operasse um milagre em Seu benefício. Houvesse Ele feito isso, e ter-se-ia frustrado o plano da salvação.

Quando o Filho de Deus e Satanás, pela primeira vez, se defrontaram em conflito, era Cristo o comandante das hostes celestiais;

e Satanás, o cabeça da rebelião no Céu, fora dali expulso. Agora, dir-se-ia haverem-se invertido as condições, e o adversário explorou o mais possível sua suposta vantagem. Um dos mais poderosos anjos, disse ele, fora banido do Céu. A aparência de Jesus indicava ser Ele aquele anjo caído, abandonado de Deus, e desamparado dos homens. Um ser divino devia ser capaz de comprovar sua pretensão mediante um milagre; "se Tu és o Filho de Deus, manda que estas pedras se tornem em pães". Mat. 4:3.Tal ato de poder criador, insiste o maligno, seria conclusiva prova de divindade. Isso poria termo à contenda.

Não foi sem luta que Jesus pôde escutar em silêncio o arquienganador. O Filho de Deus, no entanto, não devia provar Sua divindade a Satanás, ou explicar-lhe a causa de Sua humilhação. Atendendo às exigências do rebelde, não se conseguiria coisa alguma para o bem do homem ou a glória de Deus. Houvesse Cristo concordado com as sugestões do inimigo, e Satanás teria dito ainda: "Mostra-me um sinal, para que eu creia que és o Filho de Deus". A prova teria sido inútil para quebrar o poder da rebelião no coração dele. E Cristo não devia exercer poder divino em Seu próprio benefício. Viera para sofrer a prova como nos cumpre a nós fazer, deixando-nos um exemplo de fé e submissão. Nem aí, nem em qualquer ocasião, em Sua vida terrestre, operou ele um milagre em Seu favor. Suas maravilhosas obras foram todas para o bem dos outros. Se bem que Cristo reconhecesse Satanás desde o princípio, não foi incitado a entrar com ele em discussão. Fortalecido com a lembrança da voz do Céu, descansou no amor de Seu Pai. Não parlamentaria com a tentação.

Jesus enfrentou Satanás com as palavras da Escritura. "Está escrito" (Mat. 4:4), disse Ele. Em toda tentação, Sua arma de guerra era a Palavra de Deus. Satanás exigia de Jesus um milagre, como prova de Sua divindade. Mas alguma coisa maior que todos os milagres — uma firme confiança num "assim diz o Senhor", era o irrefutável testemunho. Enquanto Cristo Se mantivesse nessa atitude, o tentador nenhuma vantagem poderia obter.

Era nas ocasiões de maior fraqueza que assaltavam a Cristo as mais cruéis tentações. Assim pensava Satanás prevalecer. Por esse método obtivera a vitória sobre os homens. Quando a resistência desfalecia, a força de vontade se debilitava e a fé deixava de repousar em Deus, então eram vencidos os que se haviam há muito e valorosamente mantido ao lado direito. Moisés achava-se fatigado pelos quarenta anos da peregrinação de Israel, quando, por um momento, sua fé deixou de se apoiar no infinito poder. Fracassou exatamente no limiar da terra prometida. O mesmo quanto a Elias, que se mantivera diante do rei Acabe; que enfrentara toda a nação de Israel, com os quatrocentos e cinqüenta profetas de Baal a sua frente. Depois daquele terrível dia sobre o Carmelo, em que os falsos profetas haviam sido mortos, e o povo declarara sua fidelidade a Deus, Elias fugiu para salvar a vida diante das ameaças da idólatra Jezabel. Assim se tem Satanás aproveitado da fraqueza da humanidade. E continuará a operar deste modo. Sempre que uma pessoa se encontra rodeada de nuvens, perplexa pelas circunstâncias, ou aflita pela pobreza e a infelicidade, Satanás se acha a postos para tentar e aborrecer. Ataca nossos pontos fracos de caráter. Procura abalar nossa confiança em Deus, que permite existirem tais condições. Somos tentados a desconfiar de Deus, pôr em dúvida Seu amor. Freqüentemente o tentador vem a nós como foi a Cristo, apresentando nossas fraquezas e enfermidades. Espera desanimar-nos a alma, e romper nossa ligação com Deus. Então está seguro de sua presa. Se o enfrentássemos como Jesus fez, haveríamos de escapar a muita derrota. Parlamentando com o inimigo, damos-lhe vantagem.

Quando Cristo disse ao tentador: "Nem só de pão viverá o homem, mas de toda palavra que sai da boca de Deus", repetiu as palavras que, mais de mil e quatrocentos anos atrás, Ele dissera a Israel: "O Senhor teu Deus te guiou no deserto estes quarenta anos, . . . e te humilhou, e te deixou ter fome, e te sustentou com o maná, que tu não conheceste, nem teus pais o conheceram; para te dar a entender que o homem não viverá só de pão, mas de tudo o que sai da boca do Senhor viverá o homem". Deut. 8:2 e 3. No deserto, quando falharam todos os meios de subsistência, Deus enviou a Seu povo maná do Céu; e foi-lhe dada suficiente e constante provisão. Essa providência visava a ensinar-lhes que, enquanto confiassem em Deus, e andassem em Seus caminhos, Ele os não abandonaria. O Salvador pôs agora em prática a lição que dera a Israel. Pela Palavra de Deus, fora prestado socorro às hostes hebraicas, e pela palavra seria ele concedido a Jesus. Ele aguardava o tempo designado por Deus, para O socorrer. Achava-Se no deserto em obediência a Deus, e não obteria alimento por seguir as sugestões de Satanás. Em presença do expectante Universo, testificou Ele ser menor desgraça sofrer seja o que for, do que afastar-se de qualquer modo da vontade de Deus.

"Nem só de pão viverá o homem, mas de toda palavra que sai da boca de Deus". Mat. 4:4. Muitas vezes o seguidor de Cristo é colocado em situação em que não lhe é possível servir a Deus e continuar seus empreendimentos mundanos. Talvez pareça que a obediência a qualquer claro reclamo da parte de Deus o privará dos meios de subsistência. Satanás quer fazê-lo crer que deve sacrificar as convicções de sua consciência. Mas a única coisa no mundo em que podemos repousar é a Palavra de Deus. "Buscai primeiro o reino de Deus, e a Sua justiça, e todas estas coisas vos serão acrescentadas". Mat. 6:33. Mesmo nesta vida não nos é proveitoso apartar-nos da vontade de nosso Pai no Céu. Quando aprendermos o poder de Sua palavra, não seguiremos as sugestões de Satanás para obter alimento ou salvar a vida. Nossa única preocupação será: Qual é o mandamento de Deus? Qual Sua promessa? Sabendo isso, obedeceremos ao primeiro, e confiaremos na segunda.

Na última grande batalha do conflito com Satanás, os que são leais a Deus hão de ser privados de todo apoio terreno. Por se recusarem a violar-Lhe a lei em obediência a poderes terrestres, ser-lhes-á proibido comprar ou vender. Será afinal decretada a morte deles. Apoc. 13:11-17. Ao obediente, porém, é dada a promessa: "Este habitará nas alturas; as fortalezas das rochas serão o seu alto refúgio, o seu pão lhe será dado, as suas águas são certas." Isa. 33:16. Por essa promessa viverão os filhos de Deus. Quando a Terra estiver assolada pela fome, serão alimentados. "Não serão envergonhados nos dias maus, e nos dias de fome se fartarão." Sal. 37:19. Daquele tempo de angústia prediz o profeta Habacuque, e suas palavras exprimem a fé da igreja: "Portanto ainda que a figueira não floresça, nem haja fruto na vide; o produto da oliveira minta, e os campos não produzam mantimento; as ovelhas da malhada sejam arrebatadas, e nos currais não haja vacas; todavia eu me alegrarei no Senhor, exultarei no Deus da minha salvação." Hab. 3:17 e 18.

De todas as lições a serem aprendidas da primeira grande tentação de nosso Senhor, nenhuma é mais importante do que a que diz respeito ao controle dos apetites e paixões. Em todos os séculos, as tentações mais atraentes à natureza física têm sido mais bem-sucedidas em corromper e degradar a humanidade. Satanás opera por meio da intemperança para destruir as faculdades mentais e morais concedidas por Deus ao homem como inapreciável dom. Assim se torna impossível ao homem apreciar as coisas de valor eterno. Através de condescendências sensuais, busca ele apagar na alma todo traço de semelhança com Deus.

As irrefreadas satisfações da inclinação natural e a conseqüente enfermidade e degradação que existiam ao tempo do primeiro advento de Cristo, dominarão de novo, com intensidade agravada, antes de Sua segunda vinda. Cristo declara que as condições do mundo serão como nos dias anteriores ao dilúvio, e como em Sodoma e Gomorra. Todas as imaginações dos pensamentos do coração serão más continuamente. Vivemos mesmo ao limiar daquele terrível tempo, e a nós convém a lição do jejum do Salvador. Unicamente pela inexprimível angústia suportada por Cristo podemos avaliar o mal da irrefreada satisfação própria. Seu exemplo nos declara que nossa única esperança de vida eterna, é manter os apetites e paixões sob sujeição à vontade de Deus.

Em nossa própria força, é-nos impossível escapar aos clamores de nossa natureza caída. Satanás trar-nos-á tentações por esse lado. Cristo sabia que o inimigo viria a toda criatura humana, para se aproveitar da fraqueza hereditária e, por suas falsas insinuações, enredar todos cuja confiança não se firma em Deus. E, passando pelo terreno que devemos atravessar, nosso Senhor nos preparou o caminho para a vitória. Não é de Sua vontade que fiquemos desvantajosamente colocados no conflito com Satanás. Não quer que fiquemos intimidados nem desfalecidos pelos assaltos da serpente. "Tende bom ânimo", diz Ele, "Eu venci o mundo." João 16:33.

O que está lutando contra o poder do apetite olhe ao Salvador, no deserto da tentação. Veja-O em Sua angústia na cruz, ao exclamar: "Tenho sede"! João 19:28. Ele resistiu a tudo quanto nos é possível suportar. Sua vitória é nossa.

Jesus repousava na sabedoria e força de Seu Pai celeste. Declara: "O Senhor Jeová Me ajuda, pelo que Me não confundo, . . . e sei que não serei confundido. . . . Eis que o Senhor Jeová Me ajuda." Mostrando Seu próprio exemplo, diz-nos: "Quem há entre vós que tema ao Senhor, . . . quando andar em trevas, e não tiver luz nenhuma, confie no nome do Senhor, e firme-se sobre o Seu Deus." Isa. 50:7-10.

"Vem o príncipe do mundo", disse Jesus; "ele nada tem em Mim." João 14:30. Nada havia nEle que correspondesse aos sofismas de Satanás. Ele não consentia com o pecado. Nem por um pensamento cedia à tentação. O mesmo se pode dar conosco. A humanidade de Cristo estava unida à divindade; estava habilitado para o conflito, mediante a presença interior do Espírito Santo. E veio para nos tornar participantes da natureza divina. Enquanto a Ele estivermos ligados pela fé, o pecado não mais terá domínio sobre nós. Deus nos toma a mão da fé, e a leva a apoderar-se firmemente da divindade de Cristo, a fim de atingirmos a perfeição de caráter. E a maneira por que isso se realiza, Cristo no-la mostrou. Por que meio venceu no conflito contra Satanás? — Pela Palavra de Deus. Unicamente pela Palavra pôde resistir à tentação. "Está escrito", dizia. E são-nos dadas "grandíssimas e preciosas promessas, para que por elas fiqueis participantes da Natureza divina, havendo escapado da corrupção, que pela concupiscência há no mundo". II Ped. 1:4. Toda promessa da Palavra de Deus nos pertence. "De tudo que sai da boca de Deus" havemos de viver. Quando assaltados pela tentação, não olheis às circunstâncias, ou à fraqueza do próprio eu, mas ao poder da Palavra. Pertence-vos toda a sua força. "Escondi a Tua Palavra no meu coração", diz o Salmista, "para eu não pecar contra Ti." Sal. 119:11. "Pela Palavra dos Teus lábios me guardei das veredas do destruidor." Sal. 17:4.

11

A Vitória

Este capítulo está basado em Mateus 4:5-11; Marcos 1:12, 13; Lucas 4:5-13.

Então o diabo O transportou à cidade santa, e colocou-O sobre o pináculo do templo, e disse-Lhe: Se Tu és o Filho de Deus, lança-Te daqui abaixo; porque está escrito:

"Que aos Seus anjos dará ordem a Teu respeito;
e tomar-Te-ão nas mãos, para que nunca tropeces em alguma pedra."
Mat. 4:5 e 6.

Julga Satanás haver agora enfrentado Jesus mesmo em Seu terreno. O próprio astuto inimigo apresenta palavras procedentes da boca de Deus. Parece ainda um anjo de luz, e mostra claramente estar familiarizado com as Escrituras, entendendo a significação do que está escrito. Como Jesus usara anteriormente a Palavra de Deus para apoiar Sua fé, o tentador agora a emprega para corroborar seu engano. Pretende ter estado apenas provando a fidelidade de Jesus, louvando-Lhe agora a firmeza. Como o Salvador manifestou confiança em Deus, Satanás insiste com Ele para que dê outro testemunho de Sua fé.

Mas novamente a tentação é introduzida com a insinuação de desconfiança: *"Se* Tu és o Filho de Deus." Mat. 4:6. Cristo foi tentado a responder ao "se"; absteve-Se, porém, da mais leve aceitação da dúvida. Não poria em risco Sua vida para dar a Satanás uma prova.

O tentador pensava aproveitar-se da humanidade de Cristo, e incitou-O à presunção. Mas ao passo que pode instigar, não lhe é possível forçar ao pecado. Disse a Jesus: "Lança-Te de aqui abaixo", sabendo que O não podia lançar; pois Deus Se interporia para livrá-Lo. Tampouco poderia o inimigo forçar Jesus a Se lançar. A menos que Cristo consentisse na tentação, não poderia ser vencido. Nem todo o poder da Terra ou do inferno O poderia forçar no mínimo que fosse a Se apartar da vontade de Seu Pai.

O tentador jamais nos poderá compelir a praticar o mal. Não pode dominar as mentes, a menos que se submetam a seu controle. A vontade tem que consentir, a fé largar sua segurança em Cristo, antes que Satanás possa exercer domínio sobre nós. Mas todo desejo pecaminoso que nutrimos lhe proporciona um palmo de terreno. Todo ponto em que deixamos de satisfazer à norma divina, é uma porta aberta pela qual pode entrar para nos tentar destruir. E todo fracasso ou derrota de nossa parte, dá-lhe ocasião de acusar a Cristo.

Quando Satanás citou a promessa: "Aos Seus anjos dará ordem a Teu respeito" (Mat. 4:6), omitiu as palavras: "para Te guardarem em todos os Teus caminhos" (Sal. 91:11); isto é, em todos os caminhos da escolha de Deus. Jesus recusou sair da vereda da obediência. Conquanto manifestasse perfeita confiança em Seu Pai, não Se colocaria, sem que isso Lhe fosse ordenado, em situação que tornasse necessária a interposição do Pai para O salvar da morte. Não forçaria a Providência a vir em Seu socorro, deixando assim de dar ao homem um exemplo de confiança e submissão.

Jesus declarou a Satanás: "Também está escrito: Não tentarás o Senhor teu Deus". Mat. 4:7. Essas palavras foram ditas por Moisés aos filhos de Israel, quando tinham sede no deserto, e pediram que Moisés lhes desse água, exclamando: "Está o Senhor no meio de nós, ou não?" Êxo. 17:7. Deus operara maravilhas por eles; todavia, em aflição, dEle duvidaram, e exigiram demonstrações de que estava com eles. Procuraram, em sua incredulidade, pô-Lo à prova. E Satanás estava incitando Cristo a fazer a mesma coisa. Deus já tinha testificado que Cristo era Seu Filho; pedir agora sinal de ser Ele o Filho de Deus, seria pôr à prova a Palavra divina — tentando-O. E dar-se-ia o mesmo quanto a pedir o que Deus não havia prometido. Manifestaria desconfiança, e estaria realmente provando-O ou tentando-O. Não devemos apresentar ao Senhor nossas petições para *provar* se Ele cumpre Sua palavra, mas *porque* as cumpre; não para provar que Ele nos ama, mas porque nos ama. "Sem fé é impossível agradar-Lhe; porque é necessário que aquele que se aproxima de Deus creia que Ele existe, e que é galardoador dos que O buscam". Heb. 11:6.

Mas a fé não é de maneira nenhuma aliada à presunção. Somente o que tem verdadeira fé está garantido contra a presunção. Pois presunção é a falsificação da fé, operada por Satanás. A fé reclama as promessas de Deus, e produz frutos de obediência. A presunção também reclama as promessas, mas serve-se delas como fez Satanás, para desculpar a transgressão. A fé teria levado nossos primeiros pais a confiar no amor de Deus, e obedecer-Lhe aos mandamentos. A presunção os levou a transgredir-Lhe a lei, crendo que Seu grande amor os salvaria da conseqüência de seu pecado. Não é ter fé pretender o favor do Céu, sem cumprir as condições sob as quais é concedida a misericórdia. A fé genuína baseia-se nas promessas e providências das Escrituras.

Muitas vezes quando Satanás falhou em incitar desconfiança, consegue êxito em nos levar à presunção. Se consegue pôr-nos desnecessariamente no caminho da tentação, sabe que tem a vitória. Deus há de guardar todos quantos andam no caminho da obediência; apartar-se dela, porém, é arriscar-se no terreno de Satanás. Aí cairemos por certo. O Salvador nos ordena: "Vigiai e orai, para que não entreis em tentação". Mar. 14:38. A meditação e a oração nos guardariam de nos precipitar, sem ser solicitados, ao encontro do perigo, e seríamos assim salvos de muitas derrotas.

Entretanto, não devemos perder o ânimo quando assaltados pela tentação. Freqüentemente, quando colocados em situação probante, duvidamos de que tenhamos sido guiados pelo Espírito de Deus. Foi, no entanto, a guia do Espírito que dirigiu Jesus para o deserto, para ser tentado por Satanás. Quando Deus nos leva à provação, tem um desígnio a realizar, para nosso bem. Jesus não presumiu das promessas de Deus, indo sem que Lhe fosse ordenado, ao encontro da tentação, nem Se entregou ao acabrunhamento quando ela Lhe sobreveio. Tampouco o devemos nós fazer. "Fiel é Deus, que vos não deixará tentar acima do que podeis, antes com a tentação dará também o escape, para que a possais suportar". Ele diz: "Oferece a Deus sacrifício de louvor, e paga ao Altíssimo os teus votos. E invoca-Me no dia da angústia: Eu te livrarei, e tu Me glorificarás". I Cor. 10:13; Sal. 50:14 e 15.

Jesus saiu vitorioso da segunda tentação, e então Satanás se manifesta em seu verdadeiro caráter. Não se apresenta, todavia, como aquele horrível monstro de pés de cabra e asas de morcego. Embora decaído, é um poderoso anjo. Declara-se o chefe da rebelião, e o deus deste mundo.

Colocando Jesus sobre uma alta montanha, fez com que todos os reinos do mundo, em toda a sua glória, passassem, em vista panorâmica, diante dEle. A luz do Sol projeta-se sobre cidades cheias de templos, palácios de mármore, campos férteis e vinhas carregadas de frutos. Os vestígios do mal estavam ocultos. Os olhos de Jesus, cercados ultimamente de tanta tristeza e desolação, contemplam agora uma cena de inexcedível beleza e prosperidade. Ouve então a voz do tentador: "Dar-Te-ei a Ti todo este poder e a sua glória; porque a mim me foi entregue, e dou-o a quem quero; portanto, se Tu me adorares, tudo será Teu". Luc. 4:6 e 7.

A missão de Cristo só se podia cumprir através de sofrimento. Achava-se diante dEle uma existência de dores, privações, lutas e morte ignominiosa. Cumpria-Lhe carregar sobre Si os pecados de todo o mundo. Tinha que sofrer a separação do amor do Pai. Ora, o tentador oferecia entregar-Lhe o poder que usurpara. Cristo poderia livrar-Se do terrível futuro mediante o reconhecimento da supremacia de Satanás. Fazer isso, porém, era renunciar à vitória no grande conflito. Fora por buscar exaltar-se acima do Filho de Deus, que Satanás pecara no Céu. Prevalecesse ele agora, e seria isso a vitória da rebelião.

Quando Satanás declarou a Cristo: O reino e a glória do mundo me foram entregues, e dou-os a quem quero, disse o que só em parte era verdade, e disse-o para servir a seu intuito de enganar. O domínio dele, arrebatara-o de Adão, mas este era o representante do Criador. Não era, pois, um governador independente. A Terra pertence a Deus, e Ele confiou ao Filho todas as coisas. Adão devia reinar em sujeição a Cristo. Ao atraiçoar Adão sua soberania, entregando-a às mãos de Satanás, Cristo permaneceu ainda, de direito, o Rei. Assim disse o Senhor ao rei Nabucodonosor: "O Altíssimo tem domínio sobre os reinos dos homens; e os dá a quem quer". Dan. 4:17. Satanás só pode exercer sua usurpada autoridade segundo Deus lho permita.

Quando o tentador ofereceu a Cristo o reino e a glória do mundo, estava propondo que Ele renunciasse à verdadeira soberania do mesmo e mantivesse domínio em sujeição a Satanás. Era este o mesmo domínio em que os judeus fundavam as esperanças. Desejavam o reino deste mundo. Houvesse Cristo consentido em oferecer-lhes tal reino, com alegria tê-Lo-iam recebido. Mas a maldição do pecado, com todas as suas misérias pesaria sobre esse reino. Cristo declarou ao tentador: "Vai-te, Satanás; porque está escrito: Adorarás ao Senhor teu Deus, e só a Ele servirás". Mat. 4:10.

Os reinos deste mundo eram oferecidos a Cristo por aquele que se revoltara no Céu, com o fim de comprar-Lhe a homenagem aos princípios do mal; mas Ele não seria comprado; viera para estabelecer o reino da justiça, e não renunciaria a Seu desígnio. Com a mesma tentação aproxima-se Satanás dos homens, e tem aí mais êxito do que obteve com Jesus. Oferece-lhes o reino deste mundo, sob a condição de lhe reconhecerem a supremacia. Exige que sacrifiquem a integridade, desatendam à consciência, condescendam com o egoísmo. Cristo lhes pede que busquem primeiro o reino de Deus, e Sua justiça, mas o inimigo põe-se-lhes ao lado, e diz: "Seja qual for a verdade sobre a vida eterna, para conseguir êxito neste mundo, precisas servir-me. Tenho nas mãos teu bem-estar. Posso dar-te riquezas, prazeres, honra e felicidade. Dá ouvidos a meu conselho. Não te deixes levar por extravagantes idéias de honestidade ou abnegação. Prepararei o caminho adiante de ti". Assim são enganadas multidões. Consentem em viver para o serviço do próprio eu, e Satanás fica satisfeito. Enquanto os seduz com a esperança do domínio do mundo, ganha-lhes domínio sobre a alma. Oferece aquilo que não lhe pertence conceder, e que há de ser em breve dele arrebatado. Despoja-os, entretanto, fraudulosamente, de seu título à herança de filhos de Deus.

Satanás pôs em dúvida a filiação divina de Cristo. Na maneira por que foi sumariamente despedido, teve a irrefutável prova. A divindade irradiou através da humanidade sofredora. Satanás foi impotente para resistir à ordem. Torcendo-se de humilhação e raiva, foi forçado a retirar-se da presença do Redentor do mundo. A vitória de Cristo fora tão completa, como o tinha sido o fracasso de Adão.

Assim podemos resistir à tentação, e forçar Satanás a retirar-se de nós. Jesus obteve a vitória por meio da submissão e fé em Deus, e diz-nos mediante o apóstolo: "Sujeitai-vos pois a Deus, resisti ao diabo, e ele fugirá de vós. Chegai-vos a Deus, e Ele Se chegará a vós". Tia. 4:7 e 8. Não nos podemos salvar do poder do tentador; ele venceu a humanidade, e quando tentamos resistir em nossa própria força, tornamo-nos presa de seus ardis; mas "torre forte é o nome do Senhor; para ela correrá o justo, e estará em alto retiro". Prov. 18:10. Satanás treme e foge diante da mais débil alma que se refugia nesse nome poderoso.

Havendo partido o adversário, Jesus caiu exausto por terra, cobrindo-Lhe o rosto a palidez da morte. Os anjos do Céu haviam testemunhado o conflito, contemplando seu amado Capitão enquanto passava por inexprimíveis sofrimentos para nos abrir a nós um meio de escape. Resistira à prova — prova maior do que jamais seremos chamados a suportar. Os anjos serviram então ao Filho de Deus, enquanto jazia como moribundo. Foi fortalecido com alimento, confortado com a mensagem do amor do Pai, e com a certeza de que todo o Céu triunfara com Sua vitória. Reanimado, Seu grande coração dilatou-se em simpatia para com o homem, e saiu para completar a obra que iniciara; para não descansar enquanto o inimigo não estivesse vencido, e nossa caída raça redimida.

Jamais poderá o preço de nossa redenção ser avaliado enquanto os remidos não estiverem com o Redentor ante o trono de Deus. Então, ao irromperem as glórias do lar eterno em nossos arrebatados sentidos, lembrar-nos-emos de que Jesus abandonou tudo isso por nós, que Ele não somente Se tornou um exilado das cortes celestiais, mas enfrentou por nós o risco da derrota e eterna perdição. Então, lançar-Lhe-emos aos pés nossas coroas, erguendo o cântico: "Digno é o Cordeiro, que foi morto, de receber o poder, e riquezas, e sabedoria, e força, e honra, e glória e ações de graças." Apoc. 5:12.

12

Achamos o Messias

Este capítulo está baseado em João 1:19-51.

João Batista estava agora pregando e batizando em Betábara, além do Jordão. Não longe desse lugar detivera Deus o curso do rio até que Israel houvesse passado. A pouca distância dali fora derribada a fortaleza de Jericó pelos exércitos celestiais. A memória desses acontecimentos foi por esse tempo reavivada, comunicando vivo interesse à mensagem do Batista. Aquele que operara tão maravilhosamente nos séculos passados, não manifestaria novamente Seu poder em prol da libertação de Israel? Tal era o pensamento que agitava o coração dos que se aglomeravam diariamente às margens do Jordão.

A pregação de João exercera tão profunda influência sobre o povo, que chamara a atenção das autoridades religiosas. O perigo de uma insurreição fez com que todo ajuntamento popular fosse considerado com suspeita por parte dos romanos, e tudo que indicasse um levante do povo despertava os temores dos governadores judeus. João não reconhecera a autoridade do Sinédrio em buscar a sanção do mesmo para sua obra; e reprovava príncipes e povo, fariseus e saduceus semelhantemente. No entanto, o povo o seguia ardorosamente. O interesse em sua obra parecia aumentar de contínuo. Conquanto João não condescendesse com eles, o Sinédrio considerava que, como mestre público, se achava sob sua jurisdição.

Esta organização era constituída de membros escolhidos dentre o sacerdócio, e dos principais e doutores da nação. O sumo sacerdote era em geral o presidente. Todos os seus membros deviam ser homens avançados em anos, se bem que não velhos; homens de saber, não somente versados na religião e história hebraicas, mas em conhecimentos gerais. Deviam ser isentos de defeito físico, casados, e pais, a fim de serem mais aptos que outros a ser humanos e compreensivos. Reuniam-se num aposento ligado ao templo de Jerusalém. Nos tempos da independência dos judeus, o Sinédrio era o supremo tribunal da nação, possuindo autoridade secular, da mesma maneira que eclesiástica. Conquanto agora subordinado aos governadores romanos, exercia ainda forte influência, tanto em assuntos civis como religiosos.

O Sinédrio não podia razoavelmente adiar uma investigação na obra do Batista. Havia alguns que se recordavam da revelação feita a Zacarias no templo e da profecia do pai, que indicava ser a criança o precursor do Messias. Em meio dos tumultos e mudanças de trinta anos, essas coisas haviam sido em grande parte esquecidas. Eram agora relembradas pelo despertar em torno do ministério de João Batista.

Havia muito desde que Israel tivera um profeta, desde que se testemunhara uma reforma como a que se operava agora. A exigência quanto à confissão do pecado parecia nova e assustadora. Muitos dentre os guias não iam ouvir os apelos e censuras de João, não viessem a ser levados a revelar os segredos da própria vida. Todavia, a pregação dele era um positivo anúncio do Messias. Era bem conhecido que as setenta semanas da profecia de Daniel, abrangendo a vinda do Messias, se achavam quase no fim; e todos estavam ansiosos por partilhar daquela era de glória nacional, então esperada. Tal era o entusiasmo popular, que o Sinédrio seria em breve forçado a rejeitar, ou a sancionar a obra de João. A influência deles sobre o povo já decrescia. Estava-se tornando uma questão séria, a maneira por que manteriam sua posição. Na esperança de chegar a qualquer resultado, enviaram ao Jordão uma delegação de sacerdotes e levitas, a fim de conferenciarem com o novo mestre.

Ao aproximarem-se os delegados, estava reunida uma multidão, ouvindo-lhe a palavra. Com ar de autoridade destinado a impressionar o povo e inspirar a deferência do profeta, chegaram os altivos rabis. Com um movimento de respeito, quase de temor, a multidão abriu passagem. No orgulho da posição e do poder, os grandes homens, com ricas vestimentas, postaram-se perante o profeta no deserto.

"Quem és tu?" indagaram.

Sabendo o pensamento deles, João respondeu: "Eu não sou o Cristo".

"Então quê? És tu Elias?"

"Não sou".

"És tu profeta?"

"Não".

"Quem és? para que demos resposta àqueles que nos enviaram; que dizes tu de ti mesmo?"

"Eu sou a voz do que clama no deserto: Endireitai o caminho do Senhor, como disse o profeta Isaías". João 1:19-23.

A escritura a que João se referiu é aquela bela profecia de Isaías: "Consolai, consolai o Meu povo, diz o vosso Deus. Falai benignamente a Jerusalém, e bradai-lhe que já a sua malícia é acabada, que a sua iniqüidade está expiada. . . . Voz do que clama no deserto: Preparai o caminho do Senhor: endireitai no ermo vereda a nosso Deus. Todo vale será exaltado, e todo monte e todo outeiro serão abatidos: e o que está torcido se endireitará, e o que é áspero se aplainará. E a glória do Senhor se manifestará, e toda carne juntamente verá". Isa. 40:1-5.

Antigamente, quando um rei jornadeava pelas partes menos freqüentadas de seu domínio, um grupo de homens era enviado à frente do carro real, para aplainar os lugares acidentados, encher as depressões, a fim de o rei poder viajar com segurança, e sem obstáculos. Esse costume é empregado pelo profeta para ilustrar a obra do evangelho. "Todo vale será exaltado, e todo o monte e todo outeiro serão abatidos". Isa. 40:4. Quando o Espírito de Deus, com Seu maravilhoso poder vivificante, toca a alma, abate o orgulho humano. Prazeres, posições e poder mundanos aparecem como sem valor. "Os conselhos e toda a altivez que se levanta contra o conhecimento de Deus" (II Cor. 10:5) são derribados; todo pensamento é levado cativo "à obediência de Cristo". Então, a humildade e o abnegado amor, tão pouco apreciados entre os homens, são exaltados como as únicas coisas de valor. Esta é a obra do evangelho, do qual a de João era uma parte.

Os rabis continuaram suas interrogações: "Por que batizas pois, se tu não és o Cristo, nem Elias, nem o profeta?" João 1:25. As palavras "o profeta" referiam-se a Moisés. Os judeus inclinavam-se a crer que Moisés ressuscitaria, e seria levado para o Céu. Não sabiam que já fora ressuscitado. Quando o Batista começara o ministério, muitos pensaram que talvez fosse o profeta Moisés, ressuscitado; pois parecia possuir inteiro conhecimento das profecias e da história de Israel.

Acreditava-se também que, antes da vinda do Messias, Elias apareceria pessoalmente. Essa esperança enfrentou João em sua negativa; suas palavras tinham, porém, mais profundo sentido. Jesus disse posteriormente, referindo-Se a João: "Se quereis dar crédito, é este o Elias que havia de vir". Mat. 11:14. João veio no espírito e poder de Elias, para fazer uma obra idêntica à daquele profeta. Houvessem-no recebido os judeus, e ela teria sido realizada em favor deles. Mas não lhe receberam a mensagem. Para eles João não foi Elias. Não podia realizar em seu benefício a missão que viera cumprir.

Muitos dos que se achavam reunidos no Jordão, haviam estado presentes quando do batismo de Jesus; o sinal dado, porém, não fora manifesto senão a poucos dentre eles. Durante os precedentes meses do ministério do Batista, muitos se tinham recusado a atender ao chamado ao arrependimento. Haviam assim endurecido o coração e entenebrecido o entendimento. Quando o Céu deu testemunho de Jesus, no Seu batismo, não o perceberam. Os olhos que nunca se haviam volvido com fé para Aquele que é invisível, não contemplaram a revelação da glória de Deus; os ouvidos que lhe tinham escutado a voz, não ouviram as palavras de testemunho. O mesmo se dá agora. Freqüentemente a presença de Cristo e dos anjos ministradores se manifesta nas assembléias do povo e, no entanto, muitos há que o não sabem. Nada percebem de extraordinário. A alguns, porém, é revelada a presença do Salvador. Paz e alegria lhes animam o coração. São confortados, animados, abençoados.

Os emissários de Jerusalém haviam perguntado a João: "Por que batizas?" (João 1:25) e esperavam a resposta. Subitamente, ao percorrer seu olhar a multidão, arderam-se-lhe os olhos, a fisionomia iluminou-se, o ser inteiro foi-lhe agitado de profunda emoção. Estendendo a mão, exclamou: "Eu batizo com água; mas no meio de vós está Alguém a quem vós não conheceis. Este é Aquele que vem após mim, que foi antes de mim, do qual eu não sou digno de desatar a correia da alparca." João 1:26 e 27.

Era positiva e inequívoca a mensagem a ser levada de volta ao Sinédrio. As palavras de João não se podiam aplicar a nenhum outro senão ao longamente Prometido. O Messias Se achava entre eles! Sacerdotes e principais olharam em torno, com assombro, na esperança de descobrir Aquele de quem João falara. Ele, porém, não era distinguível entre a multidão.

Quando, por ocasião do batismo de Jesus, João O designara como o Cordeiro de Deus, nova luz foi projetada sobre a obra do Messias. O espírito do profeta foi dirigido às palavras de Isaías: "Como um cordeiro foi levado ao matadouro." Isa. 53:7. Durante as semanas seguintes, João estudou, com novo interesse, as profecias e os ensinos quanto ao serviço sacrifical. Não distinguia claramente os dois aspectos da obra de Cristo — como vítima sofredora e vitorioso Rei — mas viu que Sua vinda tinha significação mais profunda do que lhe haviam percebido os sacerdotes ou o povo. Ao ver Cristo entre a multidão, de volta do deserto, esperou confiantemente que Ele desse ao povo um sinal de Seu verdadeiro caráter. Aguardava quase com impaciência ouvir o Salvador declarar Sua missão; no entanto nenhuma palavra foi proferida, não foi dado nenhum sinal. Jesus não correspondeu ao anúncio do Batista a Seu respeito, mas misturou-Se com os discípulos de João, não dando nenhum testemunho visível de Sua obra especial, nem tomando nenhuma providência para Se fazer notado. No dia seguinte, João viu Jesus, que para ele Se dirigia. Com a glória de Deus a repousar sobre ele, João estende a mão, declarando: "Eis o Cordeiro de Deus, que tira o pecado do mundo. Este é Aquele do qual eu disse: Após mim vem um Varão que foi antes de mim; . . . e eu não O conhecia; mas, para que fosse manifestado a Israel, vim eu, por isso, batizando com água. . . . Vi o Espírito descer do céu como uma pomba, e repousar sobre Ele. E eu não O conhecia, mas O que me mandou a batizar com água, Esse me disse: Sobre Aquele que vires descer o Espírito, e sobre Ele repousar, Esse é O que batiza com o Espírito Santo. E eu vi, e tenho testificado que Este é o Filho de Deus." João 1:29-34.

Era esse o Cristo? Com respeito e curiosidade olhou o povo Àquele de quem se acabava de declarar ser o Filho de Deus. Haviam sido profundamente comovidos pelas palavras de João. Ele lhes falara em nome de Deus. Tinham-no escutado dia a dia, ao reprovar-lhes os pecados, e de dia para dia neles se fortalecera a convicção de ser ele enviado pelo Céu. Mas quem era Esse, maior que João Batista? Não havia em Seu trajar coisa alguma que indicasse posição. Era, na aparência, um personagem simples, vestido, como eles, nos humildes trajes dos pobres.

Havia entre a multidão alguns que, por ocasião do batismo de Cristo, tinham testemunhado a glória divina, e ouvido a voz de Deus. Desde então, porém, mudara grandemente a aparência do Salvador. Em Seu batismo, tinham-Lhe visto o semblante transfigurado à luz do Céu; agora, pálido, esgotado, emagrecido, ninguém O reconhecera senão o profeta João.

Ao olhar o povo para Ele, no entanto, viram uma fisionomia em que se uniam a divina compaixão e o poder consciente. Toda a expressão do olhar, todo traço do semblante, assinalava-se pela humildade, e exprimia indizível amor. Parecia circundado duma atmosfera de influência espiritual. Ao passo que Suas maneiras eram suaves e despretensiosas, imprimia nos homens um sentimento de poder que, embora oculto, não podia inteiramente velar. Era esse Aquele por quem Israel tão longamente esperava? Jesus veio em pobreza e humildade, para que pudesse ser nosso exemplo, ao mesmo tempo que nosso Redentor. Houvesse aparecido com pompa real, e como poderia ter ensinado a humildade? como poderia haver apresentado tão incisivas verdades como as do sermão da montanha? Onde estaria a esperança dos humildes da vida, houvesse Jesus vindo habitar como rei entre os homens?

Para a multidão, no entanto, parecia impossível que Aquele que era designado por João Se pudesse relacionar com suas elevadas antecipações. Assim, muitos ficaram decepcionados e grandemente perplexos.

As palavras que os sacerdotes e rabis tanto desejavam ouvir, de que Jesus havia de restaurar então o reino a Israel, não foram proferidas. Por um rei assim haviam eles esperado ansiosamente; tal rei estavam prontos a receber. Mas um que buscasse estabelecer-lhes no coração um reino de justiça e paz, não aceitariam.

No dia seguinte, enquanto dois discípulos estavam ao seu lado, João viu novamente Jesus entre o povo. O rosto do profeta iluminou-se outra vez com a glória do Invisível, ao exclamar: "Eis aqui o Cordeiro de Deus". Estas palavras fizeram pulsar o coração dos discípulos. Não as compreenderam plenamente. Que significaria o nome que João Lhe dera — "o Cordeiro de Deus"? O próprio João não as explicara.

Deixando João, foram em busca de Jesus. Um deles era André, o irmão de Simão; o outro, João evangelista. Foram estes os primeiros discípulos de Jesus. Movidos de irresistível impulso, seguiram a Jesus — ansiosos de falar-Lhe, todavia respeitosos e em silêncio, abismados na assombrosa significação da idéia: "É esse o Messias?"

Jesus sabia que os discípulos O estavam seguindo. Eram as primícias de Seu ministério, e o coração do divino Mestre alegrou-se ao corresponderem essas almas a Sua graça. No entanto, voltando-Se, perguntou apenas: "Que buscais?" João 1:38. Queria deixá-los em liberdade de voltar atrás, ou de falar de seus desejos.

De um único desígnio tinham eles consciência. Uma só era presença que lhes enchia o pensamento. Exclamaram: "Rabi, onde moras?" João 1:38. Numa breve entrevista à beira do caminho, não podiam receber aquilo por que ansiavam. Desejavam estar a sós com Jesus, sentar-se-Lhe aos pés e ouvir-Lhe as palavras.

Ele lhes disse: "Vinde, e vede. Foram, e viram onde morava, e ficaram com Ele aquele dia". João 1:39.

Houvessem João e André possuído o incrédulo espírito dos sacerdotes e principais, e não se teriam encontrado como discípulos aos pés de Jesus. Teriam dEle se aproximado como críticos, para Lhe julgar as palavras. Muitos cerram assim a porta às mais preciosas oportunidades. Assim não fizeram esses primeiros discípulos. Haviam atendido ao chamado do Espírito Santo na pregação de João Batista. Então reconheceram a voz do Mestre celestial. As palavras de Jesus foram para eles cheias de novidade, verdade e beleza. Divina luz foi projetada sobre o ensino das Escrituras do Antigo Testamento. Os complexos temas da verdade apareceram sob nova luz.

É contrição e fé e amor que habilitam a alma a receber sabedoria do Céu. Fé que opera por amor é a chave do conhecimento, e todo que ama "conhece a Deus". I João 4:7.

O discípulo João era homem de fervorosa e profunda afeição, ardente, se bem que contemplativo. Começara a discernir a glória de Cristo — não a pompa mundana e o poder que fora ensinado a esperar, mas "a glória do Unigênito do Pai, cheio de graça e de verdade". João 1:14. Absorveu-se na contemplação do assombroso tema.

André buscou comunicar o júbilo que lhe enchia o coração. Indo à procura de Simão, seu irmão, exclamou: "Achamos o Messias". João 1:41. Simão não esperou segundo convite. Também ele ouvira a pregação de João Batista, e apressou-se em ir ter com o Salvador. Os olhos de Jesus pousaram nele, lendo-lhe o caráter e a história. Sua natureza impulsiva, o coração amorável e compassivo, a ambição e confiança próprias, a história de sua queda e arrependimento, seus labores e a morte de mártir — o Salvador leu tudo, e disse: "Tu és Simão, filho de Jonas; tu serás chamado Cefas (quer quer dizer Pedro).

"No dia seguinte quis Jesus ir à Galiléia, e achou a Filipe, e disse-lhe: Segue-Me." João 1:42 e 43. Filipe obedeceu à ordem, tornando-se também, desde logo, obreiro de Cristo.

Filipe chamou a Natanael. Este se encontrava entre a multidão quando o Batista designara Jesus como o Cordeiro de Deus. Ao olhar Natanael para Jesus, ficou decepcionado. Poderia esse homem que apresentava os vestígios da labuta e da pobreza, ser o Messias? Entretanto, não se podia decidir a rejeitar a Jesus; pois a mensagem do Batista lhe infudira convicção.

Ao tempo em que Filipe o chamou, Natanael se havia retirado

para um bosque sossegado, a fim de meditar sobre o anúncio de João, e as profecias concernentes ao Messias. Orou para que se Aquele que João anunciara fosse o libertador, isso lhe fosse dado a conhecer, e o Espírito Santo repousou sobre ele com a certeza de que Deus visitara Seu povo, levantando-lhes um poder salvador. Filipe sabia que seu amigo estava examinando as profecias, e enquanto Natanael orava sob uma figueira, descobriu-lhe o retiro. Muitas vezes haviam orado juntos nesse isolado lugar, ocultos pela folhagem.

A mensagem: "Havemos achado Aquele de quem Moisés escreveu na lei, e os profetas", pareceu a Natanael uma resposta direta a sua oração. Mas Filipe tinha ainda fé vacilante. Acrescentou, duvidoso: "Jesus de Nazaré, filho de José." Novamente surgiu o preconceito no coração de Natanael. Exclamou: "Pode vir alguma coisa boa de Nazaré?"

Filipe não entrou em discussão. Disse: "Vem, e vê. Jesus viu Natanael vir ter com Ele, e disse dele: Eis aqui um verdadeiro israelita, em quem não há dolo"! Surpreendido, exclamou Natanael: "De onde me conheces Tu? Jesus respondeu, e disse: Antes que Filipe te chamasse, te vi Eu, estando tu debaixo da figueira."

Foi suficiente. O divino Espírito que dera testemunho a Natanael em sua solitária oração sob a figueira, falou-lhe agora nas palavras de Jesus. Conquanto em dúvida, e de algum modo cedendo ao preconceito, Natanael fora ter com Cristo, possuído do sincero anelo de conhecer a verdade, e agora seu desejo foi satisfeito. Sua fé foi além da daquele que o levara a Jesus. Respondeu: "Rabi, Tu és o Filho de Deus, Tu és o Rei de Israel." João 1:45 a 49.

Se Natanael houvesse confiado na direção dos rabis, nunca haveria encontrado a Jesus. Foi vendo e julgando por si mesmo, que se tornou discípulo. Assim acontece no caso de muitos hoje em dia, a quem o preconceito impede de aceitar o bem. Quão diverso seria o resultado, viessem eles e vissem!

Enquanto confiar na guia da autoridade humana, ninguém chegará a um salvador conhecimento da verdade. Como Natanael, necessitamos estudar por nós mesmos a Palavra de Deus, e orar pela iluminação do Espírito Santo. Aquele que viu Natanael debaixo da figueira, ver-nos-á no lugar secreto da oração. Anjos do mundo da luz acham-se ao pé daqueles que, em humildade, buscam a guia divina.

Com a vocação de João, André e Simão, Filipe e Natanael, começou o fundamento da igreja cristã. João dirigiu dois de seus discípulos a Cristo. Então, um deles, André, achou a seu irmão, e chamou-o para o Salvador. Foi logo chamado Filipe, e este foi em busca de Natanael. Esses exemplos nos devem ensinar a importância do esforço pessoal, de fazer apelos diretos a nossos parentes, amigos e vizinhos. Existem pessoas que, durante uma existência, têm professado estar relacionadas com Cristo, e todavia nunca fizeram um esforço pessoal para levar uma alma sequer ao Salvador. Deixam todo o trabalho ao ministro. Este pode ser apto para sua vocação, mas não lhe é possível fazer aquilo que Deus deixou aos membros da igreja.

Muitos há que necessitam do serviço de amoráveis corações cristãos. Têm-se imergido na ruína muitos que poderiam ter sido salvos, houvessem seus vizinhos, homens e mulheres comuns, se esforçado em benefício deles. Muitos há à espera de que alguém se lhes dirija pessoalmente. Na própria família, na vizinhança, na cidade em que residimos, há trabalho para fazermos como missionários de Cristo. Se somos cristãos, essa obra será nosso deleite. Mal está uma pessoa convertida, nasce dentro dela o desejo de tornar conhecido a outros que precioso amigo encontrou em Jesus. A salvadora e santificadora verdade não lhe pode ficar fechada no coração.

Todos quantos se consagram a Deus, podem ser portadores de luz. Deus os torna instrumentos Seus para comunicar a outros as riquezas de Sua graça. Sua promessa é: "E a elas, e aos lugares ao redor do Meu outeiro, Eu porei por bênção; e farei descer a chuva a seu tempo; chuvas de bênçãos serão." Ezeq. 34:26.

Filipe disse a Natanael: "Vem, e vê." João 1:46. Não lhe pediu que aceitasse outro testemunho, mas que fosse a Cristo por si mesmo. Agora, que Jesus subiu ao Céu, Seus discípulos são Seus representantes entre os homens, e um dos meios mais eficazes de conquistar almas para Ele, é exemplificar-Lhe o caráter na vida diária. Nossa influência sobre outros não depende tanto do que dizemos, mas do que somos. Os homens podem combater ou desafiar a nossa lógica, podem resistir a nossos apelos; mas a vida de amor desinteressado é um argumento que não pode ser contradito. A vida coerente, caracterizada pela mansidão de Cristo, é uma força no mundo.

O ensino de Cristo era o resultado de firme convicção e experiência, e os que dEle aprendem se tornam mestres de uma ordem divina. A Palavra de Deus falada por uma pessoa santificada por ela, tem poder comunicador de vida, que a torna atrativa aos que a escutam, convencendo-os de que é uma divina realidade. Quando alguém recebeu a verdade em amor, isso se tornará manifesto na persuasão de suas maneiras e nos tons de sua voz. Torna conhecido o que ele próprio ouviu, viu e manuseou da palavra da vida, a fim de outros poderem partilhar com ele mediante o conhecimento de Cristo. Seu testemunho, de lábios tocados com a brasa viva do altar, é verdade para o coração apto a receber, e opera a santificação do caráter.

E aquele que procura comunicar luz aos outros, será ele próprio abençoado. "Chuvas de bênçãos serão." "O que regar também será regado." Prov. 11:25. Deus poderia haver realizado Seu desígnio de salvar pecadores sem o nosso auxílio; mas a fim de desenvolvermos caráter semelhante ao de Cristo, é-nos preciso partilhar de Sua obra. A fim de participar da alegria dEle — a alegria de ver almas redimidas por Seu sacrifício — devemos tomar parte em Seus labores para redenção delas.

A primeira expressão de fé da parte de Natanael, soou como música aos ouvidos de Jesus. E Ele "respondeu, e disse-lhe: Porque te disse: Vi-te debaixo da figueira, crês? coisas maiores do que estas verás". O Salvador antecipava com alegria Sua obra de pregar boas novas aos mansos, restaurar os contritos de coração e proclamar liberdade aos cativos de Satanás. Ao pensamento das preciosas bênçãos que trouxera aos homens, Jesus acrescentou: "Na verdade, na verdade vos digo que daqui em diante vereis o céu aberto, e os anjos de Deus subindo e descendo sobre o Filho do homem." João 1:50 e 51.

Com isso, Cristo virtualmente diz: nas margens do Jordão os céus se abriram, e o Espírito desceu como pomba sobre Mim. Aquela cena não era senão um testemunho de que Eu sou o Filho de Deus. Se crerdes em Mim como tal, vossa fé será vivificada. Vereis que os céus se acham abertos, e nunca se hão de fechar. Eu os abri a vós. Os anjos de Deus estão subindo, levando as orações dos necessitados e aflitos ao Pai em cima, e descendo, trazendo bênçãos e esperança, ânimo, auxílio e vida aos filhos dos homens.

Os anjos de Deus estão sempre indo da Terra ao Céu e do Céu à Terra. Os milagres de Cristo pelos aflitos e sofredores, foram operados pelo poder de Deus através do ministério dos anjos. E é por meio de Cristo, pelo ministério de Seus mensageiros celestiais, que toda bênção nos advém de Deus. Tomando sobre Si a humanidade, nosso Salvador une Seus interesses aos dos caídos filhos de Adão, ao passo que mediante Sua divindade, lança mão do trono de Deus. E assim Cristo é o mediador da comunicação dos homens com Deus, e de Deus com os homens.

13

Nas Bodas

Este capítulo está basado em João 2:1-11.

Jesus não começou Seu ministério por alguma grande obra perante o Sinédrio em Jerusalém. Numa reunião familiar, em pequenina vila galiléia, foi manifestado Seu poder para aumentar a alegria das bodas. Assim mostrou Sua simpatia para com os homens, e desejo de lhes proporcionar felicidade. Tentado, no deserto, bebera Ele próprio o cálice da aflição. Dali saíra para oferecer aos homens uma taça de graças celestiais, mediante Sua bênção que santificaria as relações da vida humana.

Do Jordão, voltara Jesus à Galiléia. Devia haver um casamento em Caná, pequena vila não distante de Nazaré; os noivos eram parentes de José e Maria; e, sabedor dessa reunião de família, Jesus Se dirigiu a Caná, sendo com os discípulos convidado para a festa.

Aí Se encontrou novamente com Sua mãe, de quem estivera separado por algum tempo. Maria ouvira falar na manifestação às margens do Jordão, quando do batismo dEle. As novas foram levadas a Nazaré, evocando novamente em seu espírito as cenas que por tantos anos ocultara no coração. Como todo o Israel, Maria fora profundamente comovida pela missão de João Batista. Bem se lembrava ela da profecia feita em seu nascimento. A ligação dele com Jesus, avivava-lhe novamente as esperanças. Mas também lhe haviam chegado notícias da misteriosa retirada de Jesus para o deserto, e sentia-se opressa por aflitivos pressentimentos.

Desde o dia em que ouvira o anúncio do anjo, no lar de Nazaré, entesourara Maria todo sinal de que Jesus era o Messias. Sua doce e abnegada existência assegurava-lhe que Ele não podia ser outro senão o Enviado de Deus. Todavia, também lhe sobrevinham dúvidas e decepções, e ela anelara o tempo em que Sua glória se houvesse de manifestar. A morte a separara de José, que com ela partilhara do mistério do nascimento de Jesus. Não havia agora ninguém mais a quem pudesse confiar suas esperanças e temores. Os dois meses anteriores tinham sido muito dolorosos. Fora separada de Jesus, em cuja simpatia encontrava conforto; ponderava as palavras de Simeão: "Uma espada traspassará também a tua própria alma" (Luc. 2:35); recordava os três dias de angústia quando julgava Jesus para sempre perdido para ela; e era com ansiedade de coração que Lhe aguardava o regresso.

Por ocasião das bodas, encontrou-O, o mesmo Filho terno e serviçal. No entanto, não era o mesmo. Seu semblante mudara. Apresentava os vestígios da luta do deserto, e uma nova expressão de dignidade e poder testificava de Sua celestial missão. Achava-Se com Ele um grupo de homens moços, cujos olhos O seguiam com reverência, e que Lhe chamavam Mestre. Esses companheiros contaram a Maria o que tinham visto e ouvido por ocasião do batismo, e em outras partes. E concluíram declarando: "Havemos achado Aquele de quem Moisés escreveu na lei, e os profetas." João 1:45.

Ao reunirem-se os convidados, muitos pareciam preocupados com algum assunto de interesse absorvente. Um contido despertar domina a assistência. Pequenos grupos conversam entre si em tom vivo mas dominado, lançando olhares indagadores para o Filho de Maria. Ao ouvir esta o testemunho dos discípulos quanto a Jesus, alegrara-se com a certeza de não haverem sido vãs suas tão longamente acariciadas esperanças. Entretanto, teria ela sido mais que humana, não se lhe houvesse misturado a essa santa alegria um traço do natural orgulho de mãe amorosa. Ao ver os muitos olhares voltados para Jesus, anelava que Ele demonstrasse aos assistentes ser realmente o Honrado de Deus. Esperava que houvesse oportunidade de Ele operar um milagre diante deles.

Era costume, naqueles tempos, que as festas de casamento continuassem por vários dias. Verificou-se nessa ocasião, antes do fim da festa, haver-se esgotado a provisão de vinho. Isso causou muita perplexidade e desgosto. Era coisa fora do comum dispensar o vinho em ocasiões festivas, e a ausência do mesmo pareceria indicar falta de hospitalidade. Como parenta dos noivos, Maria ajudara nos preparativos da festa, e falou agora a Jesus, dizendo: "Não têm vinho". Essas palavras eram uma sugestão de que Ele poderia suprir a necessidade. Mas Jesus respondeu: "Mulher, que tenho eu contigo? ainda não é chegada a Minha hora". João 2:3 e 4.

Essa resposta, abrupta como nos possa parecer, não exprimia

frieza nem descortesia. A maneira de o Salvador Se dirigir a Sua mãe, estava em harmonia com os costumes orientais. Era empregada para com pessoas a quem se desejava mostrar respeito. Todo ato da vida terrestre de Cristo estava em harmonia com o preceito dado por Ele próprio: "Honra a teu pai e a tua mãe". Êxo. 20:12. Na cruz, em Seu derradeiro ato de ternura para com Sua mãe, Jesus dirigiu-Se a ela da mesma maneira, ao confiá-la ao cuidado do mais amado discípulo. Tanto na festa nupcial como ao pé da cruz, o amor expresso no tom, no olhar e na maneira, era o intérprete de Sua palavras.

Em Sua visita ao templo, na infância, ao desvendar-se diante dEle o mistério de Sua obra, Cristo dissera a Maria: "Não sabeis que Me convém tratar dos negócios de Meu Pai?" Luc. 2:49. Essas palavras ferem a nota tônica de toda a Sua vida e ministério. Tudo estava subordinado a Sua obra, a grande obra de redenção para cujo cumprimento viera ao mundo. Agora, repetiu a lição. Havia risco de Maria olhar a suas relações com Jesus como lhe dando sobre Ele especial direito, bem como o de, até certo ponto, O dirigir em Sua missão. Ele lhe fora por trinta anos Filho obediente e amoroso, e Seu amor não mudara; agora, porém, Lhe cumpria tratar da obra do Pai. Como Filho do Altíssimo, e Salvador do mundo, laço algum terrestre O deve afastar de Sua missão, ou influenciar-Lhe o procedimento. Deve estar livre para fazer a vontade de Deus. Essa lição destina-se também a nós. Os direitos de Deus são superiores mesmo aos laços das relações humanas. Nenhuma atração terrestre nos deve desviar os pés da vereda que Ele nos manda trilhar.

A única esperança de redenção para nossa caída raça, está em Cristo; Maria só podia encontrar salvação mediante o Cordeiro de Deus. Não possuía em si mesma nenhum mérito. Seu parentesco com Jesus não a colocava para com Ele em posição diversa, espiritualmente, da de qualquer outra alma humana. Isso se acha indicado nas palavras do Salvador. Ele torna clara a distinção entre Sua relação para com ela como Filho do homem, e Filho de Deus. O laço de parentesco entre eles não a coloca, de maneira alguma, em pé de igualdade com Ele.

As palavras: "Ainda não é chegada a Minha hora", indicam que todo ato da vida de Cristo na Terra era cumprimento do plano que existira desde os dias da eternidade. Antes de vir à Terra, o plano jazia perante Ele, perfeito em todos os seus detalhes. Ao andar entre os homens, porém, era guiado passo a passo pela vontade do Pai.

Não hesitava em agir no tempo designado. Com a mesma submissão, esperava até que houvesse chegado a oportunidade.

Ao dizer a Maria que Sua hora ainda não chegara, respondia Jesus ao inexpresso pensamento dela — à expectativa que, juntamente com seu povo, ela acariciara. Maria esperava que Ele Se revelasse como o Messias, e tomasse o trono de Israel. Mas o tempo não havia chegado. Não como Rei, mas como Homem de dores, e experimentado nos trabalhos, aceitara Jesus a sorte da humanidade.

Mas se bem que Sua mãe não possuísse conceito exato da missão de Cristo, nEle confiava implicitamente. A essa fé correspondeu Jesus. Foi para honrar a confiança de Maria, e fortalecer a fé dos discípulos, que realizou o primeiro milagre. Os discípulos haveriam de encontrar muitas e grandes tentações para a incredulidade. Para eles, as profecias haviam tornado claro, indiscutível, que Jesus era o Messias. Esperavam que os guias religiosos O recebessem com confiança ainda maior que a deles próprios. Declararam entre o povo as maravilhosas obras de Cristo e sua própria confiança na missão dEle, mas pasmaram e sentiram-se cruelmente decepcionados pela incredulidade, o preconceito profundamente arraigado e a inimizade para com Jesus, manifestados pelos sacerdotes e rabis. Os primeiros milagres do Salvador fortaleceram os discípulos para enfrentar a oposição.

Sem se desconcertar absolutamente com as palavras de Jesus, Maria disse aos que serviam à mesa: "Fazei tudo quando Ele vos disser". João 2:5. Assim fez ela o que podia para preparar o caminho para a obra de Cristo.

Ao lado da entrada estavam seis grandes talhas de pedra, e Jesus pediu aos servos que as enchessem d'agua. Assim foi feito. Então, como o vinho era necessário para uso imediato, disse: "Tirai agora, e levai ao mestre-sala". João 2:8. Em lugar da água com que haviam sido cheias as talhas, saiu vinho dali. Nem o mestre-sala nem os convidados, em geral, tinham percebido que a provisão de vinho se acabara. Provando o que os servos levaram, o mestre-sala achou-o superior a qualquer vinho que já tivesse provado, e muito diverso do que fora servido ao princípio da festa. Voltando-se para o noivo, disse: "Todo homem põe primeiro o vinho bom, e quando já têm bebido bem, então o inferior; mas tu guardaste até agora o bom vinho".João 2:10.

Como os homens servem primeiro o vinho melhor, e depois o

inferior, assim faz o mundo com seus dons. O que ele oferece pode agradar aos olhos e fascinar os sentido, mas se demonstra incapaz de satisfazer. O vinho se transforma em amargura, o espírito folgazão em tristeza. Aquilo que começara com cânticos e alegria, termina em fadiga e desgosto. Os dons de Cristo, porém, são sempre novos e sãos. A festa que provê para a alma não deixa nunca de proporcionar satisfação e alegria. Cada nova dádiva acrescenta a capacidade do que a recebe para apreciar e fruir as bênçãos do Senhor. Ele dá por graça. Não pode haver falta na provisão. Se permaneceis nEle, o fato de receberdes hoje um rico dom, garante a recepção amanhã, de um mais precioso ainda. As palavras de Cristo a Natanael exprimem a lei do trato de Deus com os filhos da fé. Com cada nova revelação de Seu amor, declara Ele ao coração que a recebe: "Crês? coisas maiores do que estas verás". João 1:50.

O dom de Cristo à festa nupcial, era um símbolo. A água representa o batismo em Sua morte; o vinho, o derramamento de Seu sangue pelos pecados do mundo. A água para encher as talhas foi levada por mãos humanas, mas unicamente a palavra de Cristo podia comunicar-lhe a virtude doadora de vida. O mesmo quanto aos ritos que indicam a morte do Salvador. Unicamente pelo poder de Cristo, operando pela fé, é que têm eficácia para nutrir a alma.

A palavra de Cristo forneceu ampla provisão para a festa. Da mesma maneira abundante é a provisão de Sua graça para apagar as iniqüidades dos homens, e renovar e suster a alma.

Na primeira festa a que assistiu com os discípulos, Jesus lhes deu o cálice que simbolizava Sua obra pela salvação deles. Na última ceia, tornou a dá-lo, na instituição do sagrado rito pelo qual Sua morte deve ser anunciada "até que venha". I Cor. 11:26. E a tristeza dos discípulos ao separar-se de seu Senhor, foi confortada com a promessa da reunião, pois Ele disse: "Desde agora, não beberei deste fruto da vide até aquele dia em que o beba de novo convosco no reino de Meu Pai". Mat. 26:29.

O vinho provido por Cristo para a festa, e o que Ele deu aos discípulos como símbolo de Seu próprio sangue, era o puro suco de uva. A esse se refere o profeta Isaías quando fala do novo vinho "num cacho", e diz: "Não o desperdices, pois há bênção nele". Isa. 65:8.

Fora Cristo que, no Antigo Testamento, dera aviso a Israel: "O vinho é escarnecedor e a bebida forte alvoroçadora; e todo aquele que neles errar nunca será sábio". Prov. 20:1. Ele nunca proveu tal bebida. Satanás tenta os homens à condescendência com apetites que lhes obscurecem a razão e entorpecem as percepções espirituais, mas Cristo nos ensina a subjugar a natureza inferior. Toda a Sua vida foi um exemplo de abnegação. Para vencer o poder do apetite, sofreu em nosso favor a mais dura prova que a humanidade poderia suportar. Foi Cristo que deu instruções para que João Batista não bebesse vinho nem bebida forte. Fora Ele que dera a mesma prescrição à mulher de Manoá. E proferiu uma maldição sobre o homem que chegasse a taça aos lábios do próximo. Cristo não contradiz Seus próprios ensinos. O vinho não fermentado que proveu para os seus convidados das bodas, era uma bebida sã e refrigerante. Seu efeito havia de pôr o gosto em harmonia com um apetite são.

Como os convidados, na festa, notassem a qualidade do vinho, fizeram-se indagações que levaram os servos a narrar o milagre.

Os convivas ficaram, por algum tempo, demasiado surpreendidos para pensar nAquele que realizara a maravilhosa obra. Quando afinal O procuraram, verificou-se que Se retirara tão quieto, que nem os próprios discípulos haviam percebido.

A atenção dos presentes voltou-se então para os discípulos. Tiveram pela primeira vez a oportunidade de reconhecer-lhes a fé em Jesus. Contaram eles o que tinham visto e ouvido no Jordão, e acendeu-se em muitos corações a esperança de haver Deus despertado um libertador para Seu povo. As novas do milagre espalharam-se por toda aquela região, e foram levadas a Jerusalém. Com novo interesse, examinaram os sacerdotes e anciãos as profecias que indicavam a vinda de Cristo. Havia ansioso desejo de saber a missão desse novo mestre, que, de maneira tão despretensiosa, aparecia entre o povo.

O ministério de Cristo contrastava com o dos anciãos judeus. O cuidado deles, quanto à tradição e ao formalismo, destruíra toda verdadeira liberdade de pensamento e ação. Viviam em contínuo medo de contaminação. Para evitar contato com o "imundo", mantinham-se separados, não só dos gentios, mas da maior parte de seu próprio povo, não procurando beneficiá-lo, nem granjear-lhe a amizade. Por considerar sempre essas coisas, haviam impedido o desenvolvimento do próprio espírito e estreitado a esfera de sua existência. Seu exemplo animava o egoísmo e a intolerância em todas as classes do povo.

Jesus começou Sua obra de reforma, pondo-Se em íntima simpatia com a humanidade. Ao passo que mostrava a maior reverência para com a lei de Deus, censurava a pretensa piedade dos fariseus, e tentava libertar o povo dos regulamentos absurdos que o acorrentavam. Procurava derribar as barreiras que separavam as diversas classes sociais, a fim de unir os homens como filhos de uma só família. Sua presença nas bodas visava um passo na efetuação desse desígnio.

Deus dera a João Batista instruções para habitar no deserto, a fim de protegê-lo contra a influência dos sacerdotes e rabis, e prepará-lo para uma missão especial. A austeridade e isolamento de sua vida, porém, não eram um exemplo para o povo. O próprio João não ordenara a seus ouvintes que abandonassem seus anteriores deveres. Pediu-lhes que dessem demonstração de arrependimento pela fidelidade a Deus, no lugar em que Ele os chamara.

Jesus reprovava a condescendência própria em todas as suas formas, todavia era de natureza sociável. Aceitava a hospitalidade de todas as classes, visitando a casa de ricos e pobres, instruídos e ignorantes, procurando elevar-lhes os pensamentos das coisas comuns da vida, para as espirituais e eternas. Não consentia com o desperdício, e nem uma sombra de mundana leviandade Lhe manchou a conduta; todavia, achava prazer em cenas de inocente felicidade, e sancionava, com Sua presença, as reuniões sociais. Um casamento judaico era ocasião impressionante, e sua alegria não desagradava ao Filho do homem. Assistindo a essa festa, honrou Jesus o casamento como instituição divina.

Tanto no Antigo como no Novo Testamento, as relações conjugais são empregadas para representar a terna e sagrada união que existe entre Cristo e Seu povo. Ao espírito de Jesus, a alegria das bodas apontava ao regozijo daquele dia em que levará Sua esposa para o lar do Pai, e os remidos juntamente com o Redentor se assentarão para a ceia das bodas do Cordeiro. Diz Ele: "Como o noivo se alegra da noiva, assim Se alegrará de ti o Teu Deus." "Nunca mais te chamarão desamparada, . . . mas chamar-te-ão: O Meu prazer está nela; . . . porque o Senhor Se agrada de ti." Isa. 62:5 e 4. "Ele Se deleitará em ti com alegria; calar-Se-á por Seu amor, regozijar-Se-á em ti com júbilo." Sof. 3:17. Ao ser concedida ao apóstolo João uma visão das coisas celestiais, escreveu ele: "E ouvi como que a voz de uma grande multidão, e como que a voz de muitas águas, e como que a voz de grandes trovões, que dizia: Aleluia: pois já o Senhor Deus todo-poderoso reina. Regozijemos, e alegremo-nos, e demos-Lhe glória; porque vindas são as bodas do Cordeiro, e já a Sua esposa se aprontou." "Bem-aventurados aqueles que são chamados à ceia das bodas do Cordeiro." Apoc. 19:6, 7 e 9.

Jesus via em cada alma alguém a quem devia ser feito o chamado para Seu reino. Aproximava-Se do coração do povo, misturando-Se com ele como alguém que lhe desejava o bem-estar. Procurava-o nas ruas públicas, nas casas particulares, nos barcos, na sinagoga, às margens do lago e nas festas nupciais. Ia-lhe ao encontro em suas ocupações diárias, e manifestava interesse em seus negócios seculares. Levava Suas instruções às famílias, pondo-as assim, no próprio lar, sob a influência de Sua divina presença. A poderosa simpatia pessoal que dEle emanava, conquistava os corações. Retirava-Se muitas vezes para as montanhas, a fim de orar a sós, mas isso era um preparo para Seu labor entre os homens, na vida ativa. Desses períodos volvia para aliviar o enfermo, instruir o ignorante, e quebrar as cadeias aos cativos de Satanás.

Era pelo contato pessoal e a associação, que Jesus preparava os discípulos. Ensinava-os, às vezes, sentado entre eles na encosta da montanha; outras, às margens do lago, ou caminhando em sua companhia, revelava-lhes os mistérios do reino de Deus. Não sermoneava, como fazem os homens hoje em dia. Sempre que os corações se achassem abertos para receber a divina mensagem, desdobrava as verdades do caminho da salvação. Não ordenava a Seus discípulos que fizessem isso ou aquilo, mas dizia: "Segue-Me". Nas jornadas através de campos e cidades, levava-os consigo, para que vissem como ensinava o povo. Vinculava-lhes os interesses aos Seus próprios, e eles se Lhe uniam na obra.

O exemplo de Cristo de ligar-Se aos interesses da humanidade deve ser seguido por todos quantos pregam Sua palavra, e todos quantos receberam o evangelho de Sua graça. Não devemos renunciar à comunhão social. Não nos devemos retirar dos outros. A fim de atingir todas as classes, precisamos ir ter com elas. Raramente nos virão procurar de moto próprio. Não somente do púlpito é tocado o coração dos homens pela verdade divina. Outro campo de labor existe, mais humilde, talvez, mas igualmente prometedor. Encontra-se no lar do humilde, e na mansão do grande; na mesa hospitaleira, e em reuniões de inocente entretenimento.

Como discípulos de Cristo, não nos misturemos com o mundo por mero gosto do prazer, para unir-nos a eles na tolice. Tais associações só podem trazer prejuízo. Nunca devemos sancionar o pecado por nossas palavras, ou ações, nosso silêncio ou nossa presença. Aonde quer que formos, devemos levar conosco Jesus, e revelar a outros que precioso é nosso Salvador. Os que buscam esconder sua religião, porém, ocultando-a dentro de muros de pedra, perdem valiosas oportunidades de fazer bem. Por meio das relações sociais, o cristianismo se põe em contato com o mundo. Todo o que recebeu divina iluminação, deve lançar luz sobre o caminho dos que não conhecem a Luz da vida.

Todos nos devemos tornar testemunhas de Jesus. O poder social, santificado pela graça de Cristo, deve ser aperfeiçoado em atrair almas para o Salvador. Demos a conhecer ao mundo que não nos achamos absorvidos egoistamente em nossos próprios interesses, mas desejamos que os outros participem das bênçãos e privilégios que gozamos. Mostremos-lhes que nossa religião não nos torna faltos de simpatia nem exigentes. Que todos quantos professam haver encontrado a Cristo, sirvam, como Ele fez, ao bem dos homens.

Nunca deveríamos dar ao mundo a falsa impressão de que os cristãos são uma gente triste, descontente. Se nossos olhos estiverem fixos em Jesus, veremos um compassivo Redentor, e havemos de receber luz de Seu semblante. Onde quer que reine o Seu Espírito, aí habita paz. E haverá alegria também, pois há uma calma e santa confiança em Deus.

Cristo Se compraz em Seus seguidores, quando mostram que, embora humanos, compartilham da Natureza divina. Não são estátuas, mas homens e mulheres animados. Seu coração, refrigerado pela graça divina, abre-se e expande-se ao Sol da Justiça. A luz que sobre eles incide, refletem-na sobre outros em obras iluminadas pelo amor de Cristo.

14

Em Seu Templo

Este capítulo está basado em João 2:12-22.

Depois disto desceu a Cafarnaum, Ele, e Sua mãe, e Seus discípulos, e ficaram ali não muitos dias. Estava próxima a Páscoa dos judeus, e Jesus subiu a Jerusalém." João 2:12 e 13. Nessa jornada, uniu-Se Jesus a um grande grupo que ia de caminho para a capital. Ainda não havia anunciado publicamente Sua missão, e misturava-Se despercebido com o povo. Nessas ocasiões, a vinda do Messias, a que o ministério de João dera tanta preeminência, era muitas vezes o tema de conversação. Com vivo entusiasmo consideravam a esperança da grandeza nacional. Jesus sabia que essa esperança haveria de sofrer decepção, pois baseava-se em uma falsa compreensão das Escrituras. Com profundo zelo explicava Ele as profecias, e procurava despertar os homens para mais acurado estudo da Palavra de Deus.

Os guias judaicos haviam instruído o povo de que em Jerusalém deviam ser ensinados quanto ao culto a Deus. Ali, durante a semana da Páscoa, se reuniam em grande número, vindos de todas as partes da Palestina, e mesmo de terras distantes. Os pátios do templo enchiam-se de uma multidão promíscua. Muitos não podiam levar consigo os sacrifícios que deviam ser oferecidos em símbolo do grande Sacrifício. Para comodidade destes, compravam-se e vendiam-se animais no pátio exterior do templo. Ali se reunia toda espécie de gente para comprar suas ofertas. Ali se trocava todo o dinheiro estrangeiro pela moeda do santuário.

Todo judeu tinha por dever pagar anualmente meio siclo como "resgate da sua alma" (Êxo. 30:12-16); e o dinheiro assim obtido era empregado para manutenção do templo. Além disso, levavam-se grandes somas, como ofertas voluntárias, para serem depositadas no tesouro do templo. E exigia-se que todo dinheiro estrangeiro fosse trocado por uma moeda chamada o siclo do templo, a qual era aceita para o serviço do santuário. A troca do dinheiro dava lugar a fraude e extorsão, havendo descaído em desonroso tráfico, fonte de lucros para os sacerdotes.

Os mercadores exigiam preços exorbitantes pelos animais vendidos, e dividiam o proveito com os sacerdotes e principais, que enriqueciam assim à custa do povo. Ensinara-se aos adoradores que, se não oferecessem sacrifícios, as bênçãos de Deus não repousariam sobre seus filhos e sua terra. Assim era garantido elevado preço pelos animais; porque, depois de vir de tão longe, o povo não queria voltar para casa sem realizar o ato de devoção que ali o levara.

Grande era o número de sacrifícios oferecidos por ocasião da Páscoa, e avultadas as vendas no templo. A conseqüente confusão dava a idéia de uma ruidosa feira de gado, e não do sagrado templo de Deus. Ali se podiam ouvir ásperos ajustes de compras, o mugir do gado, o balir de ovelhas, o arrulho de pombos, de mistura com o tinir de moedas e violentas discussões. Tão grande era a confusão, que os sacerdotes eram perturbados, e as palavras dirigidas ao Altíssimo, afogadas pelo tumulto que invadia o templo. Os judeus orgulhavam-se extremamente de sua piedade. Regozijavam-se por causa de seu templo, e reputavam blasfêmia uma palavra proferida em desmerecimento do mesmo; eram muito rigorosos quanto à execução das cerimônias com ele relacionadas; o amor do dinheiro, porém, desfazia todos os escrúpulos. Mal se apercebiam de quão longe tinham sido levados do original desígnio do serviço instituído pelo próprio Deus.

Quando o Senhor descera sobre o monte Sinai, o lugar fora consagrado por Sua presença. Moisés recebeu ordens de pôr limites em volta do monte e santificá-lo, e a palavra do Senhor se fez ouvir em advertência: "Guardai-vos que não subais ao monte, nem toqueis o seu termo; todo aquele que tocar o monte certamente morrerá. Nenhuma mão tocará nele, porque certamente será apedrejado ou asseteado; quer seja animal, quer seja homem, não viverá." Êxo. 19:12 e 13. Assim foi ensinada a lição de que sempre que Deus manifesta Sua presença, o lugar é santo. As dependências do templo de Deus deviam ser consideradas sagradas. Na luta pelo ganho, porém, tudo isso se perdeu de vista.

Os sacerdotes e principais, chamados para ser representantes de Deus perante a nação, deviam ter corrigido os abusos do pátio do templo. Deviam haver dado ao povo um exemplo de integridade e compaixão. Em lugar de cuidar do próprio proveito, deviam ter considerado a situação e as necessidades dos adoradores, e estado prontos a ajudar os que não podiam comprar os sacrifícios exigidos. Mas assim não fizeram. A avareza lhes endurecera o coração. Iam a essa festa pessoas que se achavam em sofrimento, em necessidade, em aflição. O cego, o coxo, o surdo, ali se achavam. Alguns eram levados em leitos. Iam muitos demasiado pobres para comprar a mais humilde oferta para o Senhor, pobres demais mesmo para comprar o alimento com que saciassem a própria fome. Estes ficavam grandemente desanimados com as declarações dos sacerdotes. Os sacerdotes gloriavam-se de sua piedade; pretendiam ser os guardas do povo; eram no entanto, faltos de simpatia e compaixão. O pobre, o doente, o moribundo, em vão suplicavam favor. Seus sofrimentos não despertavam piedade no coração dos sacerdotes.

Ao penetrar Jesus no templo, abrangeu toda a cena. Viu as desonestas transações. Viu a aflição do pobre, que julgava que, sem derramar sangue, não havia perdão para seus pecados. Viu o pátio exterior do Seu templo convertido em lugar de comércio profano. O sagrado recinto transformara-se em vasta praça de câmbio.

Cristo viu que era necessário fazer alguma coisa. Numerosas eram as cerimônias exigidas do povo, sem a devida instrução quanto ao sentido das mesmas. Os adoradores ofereciam seus sacrifícios, sem compreender que eram símbolos do único Sacrifício perfeito. E entre eles, não reconhecido nem honrado, achava-Se Aquele a quem prefiguravam todos os seus cultos. Ele dera instruções quanto às ofertas. Compreendia-lhes o valor simbólico, e via que estavam agora pervertidas e mal interpretadas. O culto espiritual estava desaparecendo rapidamente. Nenhum laço ligava os sacerdotes e principais ao seu Deus. A obra de Cristo era estabelecer um culto totalmente diverso.

Enquanto ali, de pé, nos degraus do pátio do templo, Cristo abrangeu com penetrante visão, a cena que estava perante Ele. Seu olhar profético penetra o futuro, e vê, não somente anos, mas séculos e gerações. Vê como sacerdotes e principais despojam o necessitado de seu direito, e proíbem que o evangelho seja pregado ao pobre. Vê como o amor de Deus seria ocultado aos pecadores, e os homens fariam de Sua graça mercadoria. Ao contemplar a cena, exprimem-se-Lhe na fisionomia indignação, autoridade e poder. A atenção do povo é para Ele atraída. Voltam-se para Ele os olhares dos que se acham empenhados no profano comércio. Não podem dEle despregar os olhos. Sentem-se que esse Homem lhes lê os mais íntimos pensamentos, e lhes descobre os ocultos motivos. Alguns tentam esconder o rosto, como se suas más ações lhes estivessem escritas no semblante, para serem perscrutadas por aqueles olhos penetrantes. Silencia o tumulto. O som do tráfico e dos ajustes cessa. O silêncio torna-se penoso. Apodera-se da assembléia um sentimento de respeito. É como se estivessem citados perante o tribunal de Deus, para responder por seus atos. Olhando para Cristo, vêem a divindade irradiando através do invólucro humano. A Majestade do Céu está como o Juiz há de estar no derradeiro dia — não circundado agora da glória que O acompanhará então, mas com o mesmo poder de ler a alma. Seu olhar percorre rapidamente a multidão, abrangendo cada indivíduo. Seu vulto parece elevar-se acima deles, em imponente dignidade, e uma luz divina ilumina-Lhe o semblante. Fala, e Sua clara, retumbante voz — a mesma que, do Sinai, proclamara a lei que sacerdotes e principais ora transgridem — ouve-se ecoar através das arcadas do templo: "Tirai daqui estes, e não façais da casa de Meu Pai casa de venda." João 2:16.

Descendo silenciosamente, e erguendo o açoite de cordéis apanhado ao entrar no recinto, manda aos vendedores que se afastem das dependências do templo. Com zelo e severidade nunca dantes por Ele manifestados, derriba as mesas dos cambistas. Rola a moeda, ressoando fortemente no mármore do chão. Ninguém Lhe pretende questionar a autoridade. Ninguém ousa deter-se para apanhar o mal-adquirido ganho. Jesus não lhes bate com o açoite de cordéis, mas aquele simples açoite parece, em Suas mãos, terrível como uma espada flamejante. Oficiais do templo, sacerdotes, corretores e mercadores de gado, com suas ovelhas e bois, saem precipitadamente do lugar, com o único pensamento de escapar à condenação de Sua presença.

Um pânico percorre pela multidão, que se sente ofuscada por Sua divindade. Gritos de terror escapam-se de centenas de lábios desmaiados. Os próprios discípulos tremem. São abalados pelas palavras e maneiras de Jesus, tão diversas de Sua atitude habitual. Lembram-se de que está escrito a Seu respeito. "O zelo da Tua casa Me devorou." Sal. 69:9. Dentro em pouco a tumultuosa turba com as mercadorias é removida para longe do templo do Senhor. Os pátios ficam livres do comércio profano, e sobre a cena de confusão baixam silêncio e solenidade profundos. A presença do Senhor, que outrora santificara o monte, tornou agora sagrado o templo erigido em Sua honra.

Com a purificação do templo, anunciou Jesus Sua missão como Messias. Aquele templo, erigido, para morada divina, destinava-se a ser uma lição objetiva para Israel e o mundo. Desde os séculos eternos era o desígnio de Deus que todos os seres criados, desde os luminosos e santos serafins até ao homem, fossem um templo para morada do Criador. Devido ao pecado, a humanidade cessou de ser o templo de Deus. Obscurecido e contaminado pelo pecado, o coração do homem não mais revelava a glória da Divindade. Pela encarnação do Filho de Deus, porém, cumpriu-se o desígnio do Céu. Deus habita na humanidade, e mediante a salvadora graça, o coração humano se torna novamente um templo. O Senhor tinha em vista que o templo de Jerusalém fosse um testemunho contínuo do elevado destino franqueado a toda alma. Os judeus, no entanto, não haviam compreendido a significação do edifício de que tanto se orgulhavam. Não se entregavam como templos santos para o divino Espírito. Os pátios do templo de Jerusalém, cheios do tumulto de um tráfico profano, representavam com exatidão o templo da alma, contaminado por paixões sensuais e pensamentos profanos. Purificando o templo dos compradores e vendilhões mundanos, Jesus anunciou Sua missão de limpar a alma da contaminação do pecado — dos desejos terrenos, das ambições egoístas, dos maus hábitos que a corrompem. "De repente virá ao Seu templo o Senhor, a quem vós buscais, o anjo do concerto, a quem vós desejais; eis que vem, diz o Senhor dos Exércitos. Mas quem suportará o dia da Sua vinda? E quem subsistirá quando Ele aparecer? porque Ele será como o fogo dos ourives e como o sabão dos lavandeiros. E assentar-Se-á, afinando e purificando a prata; e purificará os filhos de Levi, e os afinará como ouro e como prata". Mal. 3:1-3.

"Não sabeis vós que sois o templo de Deus, e que o Espírito de Deus habita em vós? Se alguém destruir o templo de Deus, Deus o destruirá; porque o templo de Deus, que sois vós, é santo". I Cor. 3:16 e 17. Homem algum pode de si mesmo expulsar a turba má que tomou posse do coração. Unicamente Cristo pode purificar o templo da alma. Não forçará, porém, a entrada. Não vem ao templo do coração como ao de outrora; mas diz: "Eis que estou à porta, e bato; se alguém ouvir a Minha voz, e abrir a porta, entrarei em sua casa". Apoc. 3:20. Ele virá, não somente por um dia; pois diz: "Neles habitarei, e entre eles andarei: . . . e eles serão o Meu povo". II Cor. 6:16. "Subjugará as nossas iniqüidades, e lançará todos os nossos pecados nas profundezas do mar". Miq. 7:19. Sua presença purificará e santificará a alma, de maneira que ela seja um santo templo para o Senhor, e uma "morada de Deus em Espírito". Efés. 2:21 e 22.

Dominados de terror, os sacerdotes e os principais haviam fugido do pátio do templo, e do olhar penetrante que lhes lia o coração. Em sua fuga, encontraram-se com outros que iam para o templo, e pediram-lhes que voltassem, contando-lhes o que tinham visto e ouvido. Cristo olhava para os homens a fugir, em compassiva piedade pelo temor deles, e por sua ignorância do que constituísse o verdadeiro culto. Viu, nessa cena, simbolizada a dispersão de todo o povo judeu por causa de sua maldade e impenitência.

E por que fugiam do templo os sacerdotes? Por que não defenderam sua posição? Aquele que lhes ordenava que se fossem era o filho de um carpinteiro, um pobre galileu, sem posição nem poder terrestre. Por que Lhe não resistiram? Por que deixaram o tão mal-adquirido ganho, e fugiram ao mando de uma pessoa de tão humilde aparência?

Cristo falava com a autoridade de um rei, e em Seu aspecto, e no tom de Sua voz havia alguma coisa a que eles não podiam resistir. À voz de comando compreenderam, como nunca dantes, sua verdadeira posição de hipócritas e roubadores. Quando a divindade irradiou através da humanidade, não viram apenas indignação na fisionomia de Cristo; perceberam o significado de Suas palavras. Sentiram-se como perante o trono do eterno Juiz, tendo sobre si Sua sentença para este século e a eternidade. Por algum tempo, ficaram convencidos de que Cristo era profeta; e muitos acreditaram ser o Messias. O Espírito Santo, como num relâmpago, lhes fez acudir à mente palavras dos profetas com respeito a Cristo. Render-se-iam a esta convicção?

Arrepender-se, não o queriam eles. Sabiam que se haviam despertado as simpatias de Cristo para com os pobres. Sabiam-se culpados de extorsão em seu trato com o povo. Como Cristo lhes penetrasse os pensamentos, aborreceram-nO. Sua pública repreensão humilhava-lhes o orgulho, e tinham ciúmes da crescente influência que ia conquistando entre o povo. Decidiram intimidá-Lo a declarar com que autoridade os expulsara, e quem Lha conferira.

Lenta e refletidamente, mas com ódio no coração, voltaram ao templo. Que mudança, porém, se operara durante sua ausência! Ao fugirem, haviam ficado atrás os pobres; e estes contemplavam agora a Jesus, cujo semblante exprimia amor e simpatia. Com olhos marejados de lágrimas, dizia às trêmulas criaturas que O cercavam:

Não temas; Eu te livrarei, e tu Me glorificarás. Para isso vim ao mundo.

O povo comprimia-se diante dEle, dirigindo-Lhe insistentes e lastimosos apelos. Mestre, abençoa-me! Seus ouvidos escutavam a todo clamor. Com uma compaixão maior que a de uma terna mãe, inclinava-Se para os sofredores. Todos eram objeto de Sua atenção. Cada um era curado de qualquer moléstia que tivesse. Os mudos abriam os lábios em louvor; os cegos contemplavam o rosto de seu Restaurador. Alegrava-se o coração dos enfermos.

Ao passo que os sacerdotes e oficiais do templo testemunhavam essa grande obra, que revelação não era para eles o que lhes chegava aos ouvidos! O povo contava a história de seus padecimentos, das frustradas esperanças, dos dolorosos dias e noites insones. Quando a última centelha de esperança parecia extinta, Cristo os curara. O fardo era pesado, dizia um, mas encontrei um Ajudador. Ele é o Cristo de Deus, e devotarei minha vida a Seu serviço. Pais diziam aos filhos: Ele te salvou a vida; levanta a tua voz e bendize-O. A voz das crianças e a dos jovens, pais e mães, amigos e espectadores uniam-se em louvor. Esperança e alegria enchiam-lhes o coração. O espírito possuía-se de paz. Eram restaurados na alma e no corpo, e voltavam para casa proclamando por toda parte o incomparável amor de Jesus.

Na crucifixão, os que assim foram curados não se uniram à turba vil que exclamava: "Crucifica-O, crucifica-O". Suas simpatias eram para Jesus; pois Lhe haviam sentido a grande compaixão e o maravilhoso poder. Sabiam que era seu Salvador; pois lhes dera saúde física e espiritual. Escutaram as pregações dos apóstolos, e a entrada da Palavra de Deus em seu coração lhes dera entendimento. Tornaram-se instrumentos da misericórdia de Deus, de Sua salvação.

A multidão que fugira do templo, passado algum tempo, foi voltando devagar. Haviam-se recobrado em parte do terror que deles se apoderara, mas suas fisionomias exprimiam irresolução e timidez. Olhavam com pasmo as obras de Jesus, e ficavam convencidos de que nEle tinham cumprimento as profecias concernentes ao Messias. O pecado de profanação do templo cabia, em grande parte, aos sacerdotes. Fora por arranjos da parte deles que o pátio se transformara em mercado. O povo era relativamente inocente. Foi impressionado pela divina autoridade de Jesus; mas para ele a influência dos sacerdotes e principais era suprema. Estes consideravam a missão de Cristo como uma inovação, e punham em dúvida Seu direito de interferir naquilo que era permitido por autoridades do templo. Ofenderam-se por haver sido interrompido o comércio, e sufocaram as convicções originadas pelo Espírito Santo.

Mais que quaisquer outros, deviam os sacerdotes e principais ter visto que Jesus era o ungido do Senhor; pois tinham nas próprias mãos os rolos que Lhe descreviam a missão, e sabiam que a purificação do templo era uma manifestação de poder sobre-humano. A despeito de aborrecerem a Jesus, não se podiam eximir ao pensamento de que fosse um profeta enviado por Deus, para restaurar a santidade do templo. Com uma deferência nascida desse temor, a Ele se dirigiram com a indagação: "Que sinal nos mostras para fazeres isto?" João 2:18.

Jesus lhes mostrara um sinal. Fazendo com que a luz brilhasse no coração deles, e realizando em sua presença as obras que o Messias devia efetuar, dera convincentes provas de Seu caráter. Ora, ao pedirem um sinal, respondeu-lhes por meio de uma parábola, mostrando que lhes lia a malevolência, e via a que ponto esta os levaria. "Derribai este templo", disse, "e em três dias o levantarei". João 2:19.

Estas palavras encerravam um duplo sentido. Ele não Se referia somente à destruição do templo judaico e do culto, mas a Sua própria morte — a destruição do templo de Seu corpo. Esta os judeus estavam já tramando. Quando os sacerdotes e principais voltaram ao templo, haviam-se proposto matar Jesus, livrando-se assim do perturbador. Ao apresentar-lhes Ele seus desígnios, porém, não O compreenderam. Tomaram-Lhe as palavras como se aplicando ao templo de Jerusalém, e exclamaram com indignação: "Em quarenta e seis anos foi edificado este templo, e Tu o levantarás em três dias?" Acharam então que Jesus lhes justificara a incredulidade, e confirmaram sua rejeição dEle.

Não era intenção de Jesus que Suas palavras fossem compreendidas no momento pelos incrédulos judeus, nem mesmo pelos discípulos. Sabia que seriam torcidas pelos inimigos, e voltadas contra Ele próprio. Em Seu julgamento, seriam apresentadas como acusação, sendo-Lhe, no Calvário, arremessadas como insulto. Explicá-las, no entretanto, seria dar a conhecer aos discípulos Seus sofrimentos, trazendo sobre eles uma dor que ainda não estavam aptos a suportar. E uma exposição delas seria desvendar prematuramente aos judeus o resultado de seus preconceitos e incredulidade. Já tinham entrado num caminho em que deliberadamente haviam de prosseguir, até que Ele fosse levado como ovelha ao matadouro.

Foi por amor dos que haviam de crer em Cristo que essas palavras foram proferidas. Ele sabia que seriam repetidas. Pronunciadas por ocasião da Páscoa, seriam levadas aos ouvidos de milhares, e a todas as partes do mundo. Depois de Ele haver ressuscitado dos mortos, o sentido delas se tornaria claro. Para muitos, seriam conclusiva prova de Sua divindade.

Devido a sua treva espiritual, os próprios discípulos de Jesus deixaram muitas vezes de Lhe compreender as lições. Muitas delas se tornaram claras, porém, em vista de acontecimentos posteriores. Quando Jesus já não andava com eles, Suas palavras lhes serviam de esteio ao coração.

No que se referia ao templo de Jerusalém, as palavras do Salvador: "Derribai este templo, e em três dias o levantarei", tinham mais profundo sentido do que o apreendido pelos ouvintes. Cristo era o fundamento e a vida do templo. Os cultos deste eram típicos do sacrifício do Filho de Deus. O sacerdócio fora estabelecido para representar o caráter mediador e a obra de Cristo. Todo o plano do culto sacrifical era uma representação da morte do Salvador para redimir o mundo. Não haveria eficácia nessas ofertas, quando o grande acontecimento a que por séculos haviam apontado, se viesse a consumar.

Uma vez que toda a ordem ritual era simbólica de Cristo, não tinha valor sem Ele. Quando os judeus selaram sua rejeição de Cristo, entregando-O à morte, rejeitaram tudo quanto dava significação ao templo e seus cultos. Sua santidade desaparecera. Estava condenado à destruição. Daquele dia em diante, as ofertas sacrificais e o serviço com elas relacionado eram destituídos de significado. Como a oferta de Caim, não exprimiam fé no Salvador. Condenando Cristo à morte, os judeus destruíram virtualmente seu templo. Quando Cristo foi crucificado, o véu interior do templo se rasgou em dois de alto a baixo, significando que o grande sacrifício final fora feito, e que o sistema de ofertas sacrificais cessara para sempre.

"Em três dias o levantarei". Por ocasião da morte do Salvador as potências das trevas pareciam prevalecer, e exultaram em sua vitória. Do fendido sepulcro de José, porém, saiu Jesus vitorioso. "Despojando os principados e potestades, os expôs publicamente e deles triunfou em Si mesmo". Col. 2:15. Pela virtude de Sua morte e ressurreição, tornou-Se o ministro do "verdadeiro tabernáculo, o qual o Senhor fundou, e não o homem". Heb. 8:2. Foram homens que erigiram o tabernáculo judaico; homens construíram o templo; o santuário de cima, porém, do qual o terrestre era o símbolo, não foi construído por nenhum arquiteto humano. "Eis aqui o Homem cujo nome é Renovo; Ele mesmo edificará o templo do Senhor, e levará a glória, assentar-Se-á, e dominará no Seu trono". Zac. 6:12 e 13.

O serviço sacrifical que apontara a Cristo passou, mas os olhos dos homens voltaram-se para o sacrifício verdadeiro pelos pecados do mundo. O sacerdócio terrestre terminou; mas nós olhamos a Jesus, o ministro do novo concerto, e "ao sangue da aspersão, que fala melhor do que o de Abel". Heb. 12:24. "O caminho do santuário não estava descoberto enquanto se conservava em pé o primeiro tabernáculo, . . . mas, vindo Cristo, o sumo sacerdote dos bens futuros, por um maior e mais perfeito tabernáculo, não feito por mãos, . . . mas por Seu próprio sangue, entrou uma vez no santuário, havendo efetuado uma eterna redenção". Heb. 9:8-12.

"Portanto, pode também salvar perfeitamente os que por Ele se chegam a Deus, vivendo sempre para interceder por eles". Heb. 7:25. Conquanto o serviço houvesse de ser transferido do templo terrestre ao celestial; embora o santuário e nosso grande Sumo Sacerdote fossem invisíveis aos olhos humanos, todavia os discípulos não sofreriam com isso nenhum detrimento. Não experimentariam nenhuma falha em sua comunhão, nem enfraquecimento de poder devido à ausência do Salvador. Enquanto Cristo ministra no santuário em cima, continua a ser, por meio de Seu Espírito, o ministro da igreja na Terra. Ausente de nossos olhos, cumpre-se, entretanto, a promessa que nos deu ao partir: "Eis que Eu estou convosco todos os dias, até à consumação dos séculos". Mat. 28:20. Conquanto delegue Seu poder a ministros inferiores, Sua vitalizante presença permanece ainda em Sua igreja.

"Visto que temos um grande sumo sacerdote, Jesus, Filho de Deus . . . retenhamos firmemente a nossa confissão. Porque não temos um sumo sacerdote que não possa compadecer-Se de nossas fraquezas; porém um que, como nós, em tudo foi tentado, mas sem pecado. Cheguemos pois com confiança ao trono da graça, para que possamos alcançar misericórdia e achar graça, a fim de sermos ajudados em tempo oportuno". Heb. 4:14-16.

15

Nicodemos

Este capítulo está baseado em João 3:1-17.

Nicodemos ocupava posição de alta confiança na nação judaica. Possuía esmerada educação, e era dotado de talentos acima do comum, sendo igualmente membro honrado do conselho nacional. Fora, juntamente com outros, agitado pelos ensinos de Jesus. Se bem que rico, instruído e honrado, sentira-se estranhamente atraído pelo humilde Nazareno. As lições saídas dos lábios do Salvador o haviam impressionado grandemente, e desejara conhecer mais acerca dessas maravilhosas verdades.

A manifestação de autoridade por parte de Cristo, na purificação do templo, despertara nos sacerdotes e principais decidido ódio. Temiam o poder desse Estranho. Tal ousadia da parte de um obscuro galileu, não era coisa que se tolerasse. Determinaram acabar com Sua obra. Mas nem todos concordavam com isso. Alguns havia que temiam opor-se a uma pessoa tão evidentemente dirigida pelo Espírito de Deus. Lembravam-se de como profetas haviam sido mortos por terem repreendido os pecados dos guias de Israel. Sabiam que a servidão dos judeus a um povo pagão era o resultado de sua obstinação em rejeitar as repreensões de Deus. Temiam que, conspirando contra Jesus, os sacerdotes e principais estivessem seguindo os passos de seus antepassados, e trouxessem sobre a nação novas calamidades. Nicodemos partilhara desses sentimentos. Num concílio do Sinédrio, em que fora considerada a atitude a tomar para com Jesus, aconselhara cautela e moderação. Insistira em que, se Jesus Se achava na verdade investido de autoridade por Deus, seria perigoso rejeitar-Lhe as advertências. Os sacerdotes não haviam ousado desprezar esse conselho, e, temporariamente, não tomaram medidas abertas contra o Salvador.

Desde que ouvira Jesus, Nicodemos estudara ansiosamente as profecias relativas ao Messias; e quanto mais procurara, tanto mais forte era sua convicção de que este era Aquele que havia de vir. Ele, como muitos outros em Israel, sentira-se grandemente aflito com a profanação do templo. Fora testemunha ocular da cena da expulsão dos vendedores e compradores por Jesus; presenciara a maravilhosa manifestação de poder divino; vira o Salvador receber os pobres e curar os enfermos; vira-lhes a expressão de alegria, e escutara-lhes as palavras de louvor; e não podia duvidar de que Jesus de Nazaré era o Enviado de Deus.

Desejava grandemente uma entrevista com Jesus, mas recuava ante a idéia de O procurar abertamente. Seria demasiado humilhante, para um príncipe judeu, reconhecer-se em afinidade com um mestre ainda tão pouco conhecido. E chegasse sua visita ao conhecimento do Sinédrio, isso lhe atrairia o desprezo e as acusações do mesmo. Decidiu-se por uma entrevista em segredo, desculpando-se com a idéia de que, fosse ele abertamente, outros lhe poderiam seguir o exemplo. Sabendo, depois de indagar especialmente, o lugar de retiro do Salvador, no Monte das Oliveiras, esperou até que a cidade silenciasse no sono, indo então em busca dEle.

Em presença de Cristo, experimentou Nicodemos uma estranha timidez, que se esforçou por ocultar sob um ar de compostura e dignidade. "Rabi", disse ele, "bem sabemos que és Mestre, vindo de Deus; porque ninguém pode fazer estes sinais que Tu fazes, se Deus não for com ele." João 3:2. Esperava, falando dos raros dons de Cristo como mestre, bem como de Seu maravilhoso poder de operar milagres, preparar o terreno para a entrevista que pretendia. Suas palavras visavam exprimir e despertar confiança; na realidade, porém, exprimiam incredulidade. Não reconheceu Jesus como o Messias, mas apenas como um mestre enviado por Deus.

Em vez de agradecer essa saudação, Jesus fixou os olhos no visitante, como se lhe estivesse lendo a alma. Em Sua infinita sabedoria viu diante de Si um indagador da verdade. Sabia o objetivo dessa visita e, no desejo de aprofundar a convicção já existente no espírito do ouvinte, foi diretamente ao ponto, dizendo solene, mas bondosamente: "Na verdade, na verdade te digo que aquele que não nascer de novo, não pode ver o reino de Deus." João 3:3.

Nicodemos fora ter com o Senhor pensando em entrar com Ele em discussão, mas Jesus expôs-lhe os princípios fundamentais da verdade. Disse a Nicodemos: Não é tanto de conhecimento teórico que precisas, mas de regeneração espiritual. Não necessitas satisfazer tua curiosidade, mas ter um novo coração. É mister que recebas nova vida de cima, antes de te ser possível apreciar as coisas celestiais. Antes que se verifique essa mudança, tornando novas todas as coisas, nenhum salvador proveito tem para ti o discutir comigo Minha autoridade ou missão.

Nicodemos ouvira a pregação de João Batista quanto ao arrependimento e ao batismo, e indicando ao povo Aquele que havia de batizar com o Espírito Santo. Ele próprio sentira haver falta de espiritualidade entre os judeus, que, em grande parte, eram dominados pela hipocrisia e a mundana ambição. Tinha esperado um melhor estado de coisas por ocasião da vinda do Messias. Todavia, a perscrutadora mensagem do Batista deixara de nele operar a convicção do pecado. Fariseu estrito, orgulhava-se de suas boas obras. Era largamente estimado por sua beneficência e liberalidade na manutenção do serviço do templo, e sentia-se certo do favor de Deus. Ficou assustado ante a idéia de um reino demasiado puro para ele ver em seu estado atual.

A figura do novo nascimento, empregada por Jesus, não deixava de ser familiar a Nicodemos. Os conversos do paganismo à fé de Israel eram muitas vezes comparados a crianças recém-nascidas. Portanto, devia ter percebido que as palavras de Cristo não se destinavam a ser tomadas em sentido literal. Em virtude de seu nascimento como israelita, entretanto, considerava-se seguro de um lugar no reino de Deus. Achava não precisar de nenhuma mudança. Daí sua surpresa ante as palavras do Salvador. Ficou irritado por sua íntima aplicação a si próprio. O orgulho do fariseu lutava contra o sincero desejo do pesquisador da verdade. Admirava-se de que Jesus lhe falasse da maneira por que falou, não respeitando sua posição de príncipe em Israel.

Colhido de improviso, respondeu a Cristo em palavras plenas de ironia: "Como pode um homem nascer, sendo velho?" João 3:4. Como muitos outros, quando uma incisiva verdade lhes fere a consciência, revelou o fato de que o homem natural não recebe as coisas que são do Espírito de Deus. Não há nele nada que corresponda às coisas espirituais; pois estas se discernem espiritualmente.

Mas o Salvador não enfrentou argumento com argumento. Erguendo a mão em solene e calma dignidade, acentuou a verdade com mais firmeza: "Na verdade, na verdade te digo que aquele que não nascer da água e do Espírito, não pode entrar no reino de Deus." João 3:5. Nicodemos sabia que Jesus Se referia aí ao batismo de água, e à renovação da alma pelo Espírito de Deus. Ficou convencido de achar-se na presença dAquele que João Batista predissera.

Jesus continuou: "O que é nascido da carne é carne, e o que é nascido do Espírito é espírito". João 3:6. O coração, por natureza, é mau, e "quem do imundo tirará o puro? Ninguém". Jó 14:4. Invenção alguma humana pode encontrar o remédio para a alma pecadora. "A inclinação da carne é inimizade contra Deus; pois não é sujeita à lei de Deus, nem em verdade o pode ser". Rom. 8:7. "Do coração procedem os maus pensamentos, mortes, adultérios, prostituições, furtos, falsos testemunhos e blasfêmias". Mat. 15:19. A fonte do coração se deve purificar para que a corrente se possa tornar pura. Aquele que se esforça para alcançar o Céu por suas próprias obras em observar a lei, está tentando o impossível. Não há segurança para uma pessoa que tenha religião meramente legal, uma forma de piedade. A vida cristã não é uma modificação ou melhoramento da antiga, mas uma transformação da natureza. Tem lugar a morte do eu e do pecado, e uma vida toda nova. Essa mudança só se pode efetuar mediante a eficaz operação do Espírito Santo.

Nicodemos continuava perplexo, e Jesus empregou o vento para ilustrar o que desejava dizer: "O vento assopra onde quer, e ouves a sua voz; mas não sabes de onde vem, nem para onde vai; assim é todo aquele que é nascido do Espírito". João 3:8.

Ouve-se o vento por entre os ramos das árvores, fazendo sussurrar as folhas e as flores; é todavia invisível, e homem algum sabe de onde ele vem, nem para onde vai. O mesmo se dá quanto à operação do Espírito Santo na alma. Como os movimentos do vento, não pode ser explicada. Talvez uma pessoa não seja capaz de dizer o tempo ou o lugar exatos de sua conversão, nem delinear todas as circunstâncias no processo da mesma; isso, porém, não prova não estar ela convertida. Mediante um agente tão invisível como o vento, está Cristo continuamente operando no coração. Pouco a pouco, sem que o objeto dessa obra tenha talvez consciência do fato, produzem-se impressões que tendem a atrair a alma para Cristo. Estas se podem causar meditando nEle, lendo as Escrituras, ou ouvindo a palavra do pregador. De repente, ao chegar o Espírito com mais direto apelo, a alma entrega-se alegremente a Jesus. Isso é chamado por muitos uma conversão repentina; é, no entanto, o resultado de longo processo de conquista efetuado pelo Espírito de Deus — processo paciente e prolongado.

Se bem que o vento seja invisível, seus efeitos são vistos e sentidos. Assim a obra do Espírito sobre a alma revelar-se-á em cada ato daquele que lhe experimentou o poder salvador. Quando o Espírito de Deus toma posse do coração, transforma a vida. Os pensamentos pecaminosos são afastados, renunciadas as más ações; o amor, a humildade, a paz tomam o lugar da ira, da inveja e da contenda. A alegria substitui a tristeza, e o semblante reflete a luz do Céu. Ninguém vê a mão que suspende o fardo, nem a luz que desce das cortes celestiais. A bênção vem quando, pela fé, a alma se entrega a Deus. Então, aquele poder que olho algum pode discernir, cria um novo ser à imagem de Deus.

É impossível à mente finita compreender a obra da redenção. Seu mistério excede ao conhecimento humano; todavia, aquele que passa da morte para a vida percebe que é uma divina realidade. O começo da redenção, podemos conhecê-lo aqui, mediante uma experiência pessoal. Seus resultados estendem-se através da eternidade.

Enquanto Jesus falava, alguns raios da verdade penetraram no espírito do príncipe. A enternecedora, subjugante influência do Espírito Santo impressionou-lhe o coração. Todavia, não compreendeu plenamente as palavras do Salvador. Não ficou tão impressionado com a necessidade do novo nascimento, como acerca da maneira por que esse se havia de realizar. Admirado, disse: "Como pode ser isso?"

"Tu és mestre de Israel, e não sabes isto?" perguntou Jesus. Indubitavelmente uma pessoa a quem era confiada a instrução religiosa do povo, não devia ser ignorante de verdades de tanta importância. Suas palavras encerravam a lição de que, em lugar de sentir-se irritado com as positivas palavras da verdade, Nicodemos deveria ter de si mesmo opinião muito humilde, em vista de sua ignorância espiritual. Não obstante, Cristo falava com tão solene dignidade, e tanto o olhar como a inflexão da voz exprimiam tão sincero amor, que Nicodemos não se ofendeu ao compreender sua humilhante condição.

Mas ao explicar Jesus que Sua missão na Terra era estabelecer um reino espiritual e não temporal, Seu ouvinte sentiu-se perturbado. Vendo isso, Jesus acrescentou: "Se vos falei de coisas terrestres e não crestes, como crereis, se vos falar das celestiais?" João 3:12. Se Nicodemos não podia receber os ensinos de Cristo, que ilustravam a obra da graça no coração, como entender a natureza de Seu glorioso reino celestial? Não discernindo a natureza da obra de Cristo na Terra, não poderia compreender Sua obra no Céu.

Os judeus que Jesus expulsara do templo, pretendiam ser filhos de Abraão, mas fugiram da presença do Salvador, porque não podiam suportar a glória de Deus que nEle se manifestava. Revelaram assim não se achar, pela graça de Deus, habilitados a participar dos sagrados cultos do templo. Eram zelosos em manter uma aparência de piedade, mas negligenciavam a santidade do coração. Ao passo que eram zelosos defensores da letra da lei, violavam-lhe constantemente o espírito. Sua grande necessidade era aquela mesma mudança que Cristo estivera explicando a Nicodemos — um novo nascimento moral, uma limpeza do pecado e renovação do conhecimento e da santidade.

Não havia escusa para a cegueira de Israel quanto à obra da regeneração. Pela inspiração do Espírito Santo, escrevera Isaías: "Todos nós somos como o imundo, e todas as nossas justiças como trapos de imundícia". Isa. 64:6. Davi suplicara: "Cria em mim, ó Deus, um coração puro, e renova em mim um espírito reto". Sal. 51:10. E, por meio de Ezequiel, fora dada a promessa: "E vos darei um coração novo, e porei dentro de vós um espírito novo; e tirarei o coração de pedra da vossa carne, e vos darei um coração de carne. E porei dentro de vós o Meu Espírito, e farei que andeis nos Meus estatutos, e guardeis os Meus juízos, e os observeis". Ezeq. 36:26 e 27.

Nicodemos lera essas passagens com o espírito obscurecido; agora, porém, começava a compreender-lhes a significação. Via que a mais rígida obediência à simples letra da lei, no que respeitava à vida exterior, não poderia habilitar homem algum para entrar no reino do Céu. No conceito dos homens, sua vida fora justa e digna de honra; em presença de Cristo, no entanto, sentia que seu coração era impuro, sua vida destituída de santidade.

Nicodemos estava sendo atraído para Cristo. Ao explicar-lhe o Salvador o que dizia respeito ao novo nascimento, anelava experimentar essa mudança em si mesmo. Por que meio poderia isso realizar-se? Jesus respondeu à não formulada pergunta: "Como Moisés levantou a serpente no deserto, assim importa que o Filho do homem seja levantado; para que todo aquele que nEle crê não pereça, mas tenha a vida eterna". João 3:14 e 15.

Ali estava um terreno familiar a Nicodemos. O símbolo da serpente levantada tornou-lhe clara a missão do Salvador. Quando o povo de Israel estava perecendo da picada das serpentes ardentes, Deus instruíra Moisés para fazer uma serpente de metal, e colocá-la no alto, em meio da congregação. Fora então anunciado no acampamento que todos os que olhassem para a serpente, viveriam. Bem sabia o povo que, em si mesma, não possuía ela poder algum para os ajudar. Era um símbolo de Cristo. Como a imagem feita à semelhança das serpentes destruidoras era erguida para cura deles, assim Alguém nascido "em semelhança da carne do pecado" (Rom. 8:3), havia de lhes ser Redentor. Muitos dos israelitas olhavam o serviço sacrifical como possuindo em si mesmo virtude para os libertar do pecado. Deus lhes desejava ensinar que esse serviço não tinha mais valor que aquela serpente de metal. Visava a dirigir-lhes o espírito para o Salvador. Fosse para a cura de suas feridas, fosse para o perdão dos pecados, não podiam fazer por si mesmos coisa alguma, se não mostrar sua fé no Dom de Deus. Cumpria-lhes olhar, e viver.

Os que haviam sido mordidos pelas serpentes poderiam haver demorado a olhar. Poderiam ter posto em dúvida a eficácia daquele símbolo metálico. Poderiam haver pedido uma explicação científica. Nenhuma explicação lhes era dada, porém. Deviam aceitar a palavra que Deus lhes dirigia através de Moisés. Recusar-se a olhar, era morrer.

Não é por meio de debates e discussões que a alma é iluminada. Devemos olhar e viver. Nicodemos recebeu a lição, e levou-a consigo. Examinou as Escrituras de maneira nova, não para a discussão de uma teoria, mas a fim de receber vida para a alma. Começou a ver o reino de Deus, ao submeter-se à direção do Espírito Santo.

Milhares existem, hoje em dia, que necessitam da mesma verdade ensinada a Nicodemos mediante a serpente levantada. Confiam em sua obediência à lei de Deus para se recomendarem a seu favor. Quando são solicitados a olhar a Jesus, e a crer que Ele os salva apenas pela Sua graça, exclamam: "Como pode ser isso?"

Como Nicodemos, devemos estar prontos a entrar na vida pela mesma maneira que o maior dos pecadores. Além de Cristo "nenhum outro nome há, dado entre os homens, pelo qual devamos ser salvos". Atos 4:12. Mediante a fé, recebemos a graça de Deus; mas a fé não é nosso Salvador. Ela não obtém nada. É a mão que se apega a Cristo e se apodera de Seus méritos, o remédio contra o pecado. E nem sequer nos podemos arrepender sem o auxílio do Espírito de Deus. Diz a Escritura de Cristo: "Deus com a Sua destra O elevou a Príncipe e Salvador, para dar a Israel o arrependimento e remissão dos pecados". Atos 5:31. O arrependimento vem de Cristo, tão seguramente como vem o perdão.

Como, então, nos havemos de salvar? — "Como Moisés levantou a serpente no deserto", assim foi levantado o Filho do homem, e todo aquele que tem sido enganado e mordido pela serpente, pode olhar e viver. "Eis o Cordeiro de Deus, que tira o pecado do mundo". João 1:29. A luz que irradia da cruz revela o amor de Deus. Seu amor atrai-nos a Ele mesmo. Se não resistirmos a essa atração, seremos levados ao pé da cruz em arrependimento pelos pecados que crucificaram o Salvador. Então o Espírito de Deus, mediante a fé, produz uma nova vida na alma. Os pensamentos e desejos são postos em obediência à vontade de Cristo. O coração, o espírito, são novamente criados à imagem dAquele que opera em nós para sujeitar a Si mesmo todas as coisas. Então a lei de Deus é escrita na mente e no coração, e podemos dizer com Cristo: "Deleito-Me em fazer a Tua vontade, ó Deus Meu". Sal. 40:8.

Na entrevista com Nicodemos, Jesus desdobrou o plano da salvação, e Sua missão no mundo. Em nenhum de Seus posteriores discursos explicou tão plenamente, passo por passo, a obra necessária ao coração de todo aquele que quisesse herdar o reino do Céu. No próprio início de Seu ministério, abriu a verdade a um membro do Sinédrio, ao espírito mais apto a receber, a um designado mestre do povo. Os guias de Israel, porém, não receberam de bom grado a luz. Nicodemos ocultou a verdade no coração, e por três anos pouco foi, aparentemente, o fruto.

Jesus, porém, conhecia o solo em que lançara a semente. As palavras dirigidas à noite a um ouvinte, na solitária montanha, não foram perdidas. Durante algum tempo, Nicodemos não reconheceu publicamente a Cristo, mas observava-Lhe a vida, e ponderava-Lhe os ensinos. Repetidamente, no conselho do Sinédrio, frustrou os planos dos sacerdotes para O destruir. Quando, afinal, Jesus foi erguido na cruz, Nicodemos relembrou o ensino no Olivete: "Como Moisés levantou a serpente no deserto, assim importa que o Filho do homem seja levantado; para que todo aquele que nEle crê não pereça, mas tenha a vida eterna". João 3:14 e 15. A luz daquela secreta entrevista iluminou a cruz do Calvário, e Nicodemos viu em Jesus o Redentor do mundo.

Depois da ascensão do Senhor, quando os discípulos foram dispersos pela perseguição, Nicodemos tomou ousadamente a dianteira. Empregou sua fortuna na manutenção da igreja infante, que os judeus haviam esperado fosse extirpada com a morte de Cristo. No tempo de perigo aquele que tão cauteloso e duvidoso fora, mostrou-se firme como a rocha, animando a fé dos discípulos, e fornecendo meios para levar avante a obra do evangelho. Foi desdenhado e perseguido pelos que lhe haviam tributado reverência em outros tempos. Tornou-se pobre em bens deste mundo; todavia, não vacilou na fé que tivera seu início naquela conferência noturna com Jesus.

Nicodemos relatou a João a história daquela entrevista, e por sua pena foi ela registrada para instrução de milhões. As verdades aí ensinadas são tão importantes hoje em dia como naquela solene noite, na sombria montanha, quando o príncipe judeu foi aprender, com o humilde Mestre da Galiléia, o caminho da vida.

ELE VEIO POR VOCÊ

O QUE VOCÊ FARA POR ELE?

Ajude a distribuir estes livros! Ajude-nos a alcançar àqueles que ainda não sabem o que Ele fez por cada um de nós. Milhares destes livros já foram distribuídos. Pessoas, pequenos grupos e igrejas estão unindo-se para conseguir descontos de atacado. Contate-nos para obter seu preço especial, hoje.

Toll Free: 800-423-1319

Índice de Referências Bíblicas

Lista Internacional de Igrejas E Pastores Adventistas de Língua Portuguesa

ESTADOS UNIDOS:
Arizona
Phoenix – Pastor Paulo Sérgio
Califórnia
Chino – Pastor. Davi Bravo
Glendale – Pastor Claudiner Mochiutti
Palo Alto – Pastor Rui Rizzioli
Connecticut
Bridgeport – Pastor Ronaldo Pacífico
Danbury – Pastor Ronaldo Pacífico
Hartford – Pastor Ronaldo Pacífico
Water Berry – Pastor Luiz Enrique
Flórida
Deerfield Beach – Pastor Denison Moura
Fort Lauderdale – Pastor Jimmy Cardoso
Fort Myers – Pastor Sandro Moraes
Jacksonville –
Kissimmee –
Miami – Pastor Gilberto de Oliveira
Miami Temple Pastor Ronaldo da Cunha
Miami Beach – Pastor Gilberto Oliveira
Orlando – Pastor David Pires
Palm Coast –
Port Saint Lucie – Pastor Paulo Von
Sarasota – Pastor Dário Ferreira
West Palm Beach – Pastor Jimmy Cardoso
Georgia
Atlanta – Pastor Orlando González
Illinois
Chicago – Pastor Carlos Bechara
Maryland
Washington – Pastor David Barrozo
Capital Brazilian – Pastor Edemar Lamarques
Gaithersburg Brazilian – Pastor David Barrozo e Ricardo Pereira
Massachussetts
Beverly – Pastor Antonio Felix Monteiro

Brockton I – Pastor Antonio Felix Monteiro
Brockton II – Pastor Afrânio Feitosa
Brockton III – Pastor Antonio Felix Monteiro
Cape Cod – Pastor Marcos Mateus de Oliveira
Clinton – Pastor Naor Mochiutti
Dorchester – Pastor Dilermando Lemos
Dorchester II e III – Pastor Antonio Felix Monteiro
Everett – Pastor Eliaquim Mello
Fall River – Pastor Luiz Misteroni
Framingham – Pastor Werlei Gomide
Lynn – Pastor Eliaquim Melo
Lowell – Pastor Eliaquim Melo
Malden – Pastor Eliaquim de Melo
New Bedford – Pastor Paulo Vieira
Somerville – Pastor Dilermando Lemos
Taunton – Pastor Antonio Felix Monteiro
Worcester – Pastor Werlei Gomide
New Jersey
Newark – Pastor Dilson Bezerra
New York
Long Island – Pastor Cláudio Vilela
Weschester – Pastor Cláudio Vilela
New York Luso-Brazilian – Pastor Cláudio Vilela
Ohio
Columbus – Pastor Libni Dubrueze
Pensylvannia
Philadelphia – Pastor Lenin Rincón
Rhode Island
East Providence – Pastor Paulo Vieira
Pawtucket I – Pastor Marcos Mateus de Oliveira
Pawtucket II – Pastor Dilermando de Lemos
Tennessee
Collegedale – Pastor Celso de Souza

Texas
Arlington Portuguese – Pastor Itamar
  de Paiva
Austin – Pastor Juarez Souza
Dallas North – Pastor. Itamar de Paiva
Dallas – Pastor Marcos Costa
Virginia
Richmond – Pastor Samuel Ramos

CANADA
Ontario
Toronto – Pastor Guerlyng Martins
Luso-Brazilian – Pastor. Gilvan Brito
  Correa
Brampton – Pastor. Gilvan Brito Correa
British Columbia
Vancouver – Pastor Paulo Macena

ÁFRICA DO SUL
Jhoennesburg
The Hill Portuguese – Pastor Dilson
  Bezerra
Mall Vern Portuguese – Pastor Dilson
  Bezerra

ALEMANHA
Berlin
Brazilian Church – Pastor Berndt Wolter
Munique
Igreja Brasileira – Pastor Bernardo
  Jombi

AUSTRÁLIA
Sidney
Portuguese Church – Pastor
  Daniel Vasconcellos

BÉLGICA
Bruxelas
Brazilian Church – Pastor Yves Pierre

FRANÇA
Paris
Brazilian Church – Pastor. Rickson
  Nobre

GUIANA FRANCESA
Cayenne
Portuguese Church – Valdeir Aguiar

INGLATERRA
Londres
Portuguese Central – Pastor Enrique
  Duarte
Expressão Portuguesa – Pastor Théo
  Mário Rios
Expressão Portuguesa 3 – Pastor
  Enrique Duarte

JAPÃO
Tokyo
Brazilian Church – Pastor Moisés Silva

SUIÇA
Géneve
Portuguese Church – Pastor Júlio
  Ferreira
Zürich
Igreja Latina – Pastor Ricardo Padilla
Basel
Igreja de Expressão Portuguesa –
  Pastor Ricardo Padilla

Se desejar visitar uma de nossas igrejas, falar com um pastor ou inscrever-
se num plano para estudar a Bíblia, entre em contato conosco.

(954) 565-8880 ou **contato@IgrejaAdventista.net**

www.IgrejaAdventista.net